技工院校电子商务专业教材
中等职业学校电子商务专业教材

# 网店美工

陈晓燕　主编

中国劳动社会保障出版社

**简介**

本教材主要介绍了网店美工基础、网点形象设计、网店商品主图及详情页设计、促销活动图片设计等内容，依据电子商务专业学生的特点，按项目－学习任务形式编写，设计了项目概述、相关知识、任务实施、任务评价、拓展训练等多个模块，形式生动丰富，语言简练通俗，易于学生理解并将理论转化为实践，从而适应职业岗位的需要。

本教材由陈晓燕任主编，何旭、季俊杰、张爱兰、曹菁参与编写。

**图书在版编目（CIP）数据**

网店美工 / 陈晓燕主编. -- 北京：中国劳动社会保障出版社，2024. --（技工院校电子商务专业教材）（中等职业学校电子商务专业教材）. -- ISBN 978-7-5167-6481-7

Ⅰ. F713.361.2

中国国家版本馆 CIP 数据核字第 2024N8N998 号

**中国劳动社会保障出版社出版发行**

（北京市惠新东街 1 号　邮政编码：100029）

*

北京市白帆印务有限公司印刷装订　　新华书店经销

787 毫米 ×1092 毫米　16 开本　11.25 印张　212 千字

2024 年 10 月第 1 版　　2024 年 10 月第 1 次印刷

**定价：32.00 元**

营销中心电话：400-606-6496

出版社网址：https://www.class.com.cn

https://jg.class.com.cn

# 前言

目前，电子商务已成为国家产业结构优化升级、转变区域经济发展方式的战略重点，企业对电子商务专业人才的需求日益旺盛。为了培养更加符合电子商务技术领域和职业岗位（群）任职要求的中等技术应用型人才，我们组建了一支由多所中等职业学校电子商务专业带头人、专职教师及企业专家组成的编写团队，开发了这套电子商务专业教材。教材主要具有以下几点特色。

第一，满足中等职业学校教学所需。结合国家职业标准、企业需求及教学实际，构建了一个涵盖电子商务、跨境电子商务、移动商务、网络营销与直播电商的完整教材体系，包括《电子商务基础》《电子商务法律法规》等专业基础课教材，《电子商务网页设计》《电子商务数据采集与处理》《短视频制作》等技术与服务类专业核心课教材，《网店运营实务》《跨境电子商务运营实务》《电商直播》《网店推广》等运营与推广类专业核心课教材，《电子商务会计》《电子商务物流》《电子商务文案写作》等专业拓展课教材及配套习题册等，体系完整，覆盖面广，能够满足中等职业学校教学所需。

第二，契合企业岗位任职要求。中职电子商务专业毕业生主要面向网商、跨境电商和服务电商企业，使用计算机、网络、通信等现代信息技术从事商务活动。因此，教材紧跟企业岗位任职要求，以从零起点培养学生的职业能力为原则，根据国家职业标准中的技能要求和相关知识要求设计教材内容，突出企业需求，彰显中职电子商务教材特色。

第三，符合学生认知规律。教材以中等职业学校教学模式为指引，采用“项目一学习任务”式编写形式，通过丰富的案例分析、知识拓展和课堂思考，激发学生的学习兴趣，让学生在实践中学习，在任务中成长。另外，教材的设计也充分考虑了学生的认知规律，尽可能多地以图表代替大段冗长的文字叙述，降低学习难度；采用双色或四色印刷，以提高教材的表现力。

第四，教学资源配套丰富。我们遵循有效性原则，根据教材内容和教学实际，开发相对应的微课、视频、图片资源库等数字化配套产品，以便于教师拓展教学和学生自主学习。电子课件及习题册答案可登录技工教育网（https://jg.class.com.cn）查询下载，数字化配套产品扫描书中二维码即可在线观看或收听。

本套教材的编写工作得到了有关学校的大力支持，教材的编审人员做了大量的工作，在此，我们表示衷心的感谢！同时，恳切希望广大读者对教材提出宝贵的意见和建议。

编者

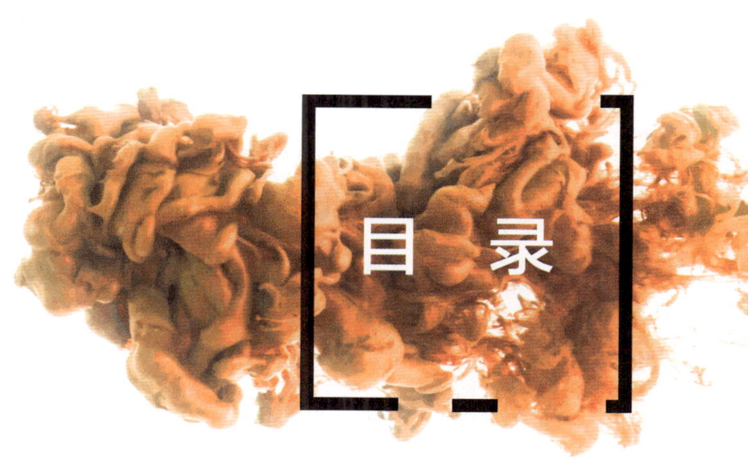

# 目录

## 项目四　促销活动图片设计



## 项目五　网店首页综合实训

# 项目一
# 网店美工基础

## 项目概述

通过网店美工，可以塑造网店形象，使网店拥有更强的视觉销售力，从而更好地吸引消费者，刺激他们的购买欲望，提升网店的销售业绩。

## 学习任务1　网店美工基础知识

- 知识目标

1. 了解网店美工的内容
2. 掌握网店美工的原则
3. 掌握网店美工的作用

- 技能目标

1. 能掌握网店美工的流程
2. 会使用网店美工常用的工具

## 一、网店美工概述

网店美工有两层含义：一是指淘宝、京东、拼多多等网店页面编辑美化工作者，二是指与网店设计、美化有关的工作，本书主要讲的是与网店设计、美化有关的工作。网店美工主要包括网店整体形象设计、网店内商品装饰设计、活动和宣传页面设计等。要想更好地服务于网店的运营和推广，网店美工人员需要熟悉网店页面布局，了解商品的特点，同时准确判断目标消费群，熟练使用各种制图软件等。

## 二、网店美工的内容

网店美工对于打造吸引人的商品展示图，以及提升消费者的购物体验至关重要。网店美工的最终目的是通过吸引人的布局、优质的图片和富有创意的视觉效果，突出商品的特点，吸引消费者的注意力。具体工作包括：

### 1. 网店整体形象设计

这是指根据网店风格和品牌形象进行网店装修设计，包括网店风格设计、网店展示设计、底部栏设计、主页设计等。图 1–1–1 所示是某经营厨房用品的网店的形象设计。

### 2. 网店内商品装饰设计

这主要是指商品主图和详情页设计，包括商品图片处理，商品介绍、规格参数、购买须知等部分页面设计。该设计的目的是使商品更具吸引力，同时商品信息展示完整也可提升消费者购买的信心。图 1–1–2 所示是某商品的装饰设计。

### 3. 活动和宣传页面设计

这是指为网店的促销活动设计制作相关素材，包括设计海报、直通车图 / 钻展图，活动时装修网店等。图 1–1–3 所示是某商品的促销活动宣传页面设计。

图 1–1–1　某经营厨房用品的网店的形象设计

图 1-1-2　某商品的装饰设计

图 1-1-3　某商品的促销活动宣传页面设计

## 三、网店美工的原则

### 1. 突出主题原则

在设计网店页面时，要突出主题，将最重要的信息或商品放在最醒目的位置，以吸引消费者的注意力。例如，在进行网店商品图片设计时，要着重分析商品的属性，包括商品功能、商品特点、商品卖点及适用人群和商品优势等，以展现商品的亮点，吸引消费者点击链接进入商品详情页查看。图 1-1-4 所示是某漱口水的商品图片设计，图片中的文字、图片的背景色等突出展示了该漱口水的特点和功能。

### 2. 一致性原则

网店设计风格必须与网店的形象、风格和定位相一致，即在色彩搭配、字体选择、图片风格等方面，都要保持统一性和连贯性，以增强网店的整体感，强化网店风格和品牌形象。图 1-1-5 所示是某网店图片的色彩设计，该网店经营时尚鞋类商品，图片饱和度较高的色彩设计与网店风格相符，突出了网店的时尚感。

图 1-1-4　某漱口水的商品图片设计

图 1-1-5　色彩设计与网店风格相符

**3. 简洁时尚原则**

在网店设计中，要合理安排页面布局，保持页面简洁明了，避免页面中有过多的干扰元素，以给消费者带来较好的浏览体验。同时，商品页面设计也要简洁时尚，以凸显商品的核心特点，让消费者快速捕捉到有价值的商品信息。图 1-1-6 所示是某网店简洁时尚的商品促销页面设计。

## 四、网店美工的作用

**1. 提升网店形象**

网店美工包括网店的整体风格、色彩、页面布局等的设计，通过网店美工可以提

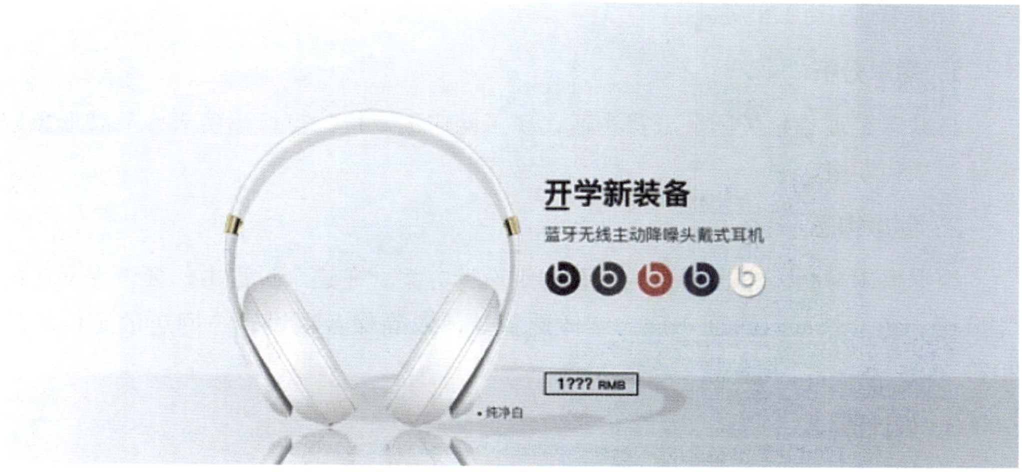


图 1-1-6　某网店简洁时尚的商品促销页面设计

升网店形象的一致性和专业性。一个美观、易用的网店界面能够提升消费者的购物体验，从而增加消费者的黏性和忠诚度。

### 2. 优化商品展示

商品图片是网店吸引消费者的关键因素之一。网店美工人员通过对商品图片的拍摄、处理和设计，突出商品的特点和优势，使得商品更加有吸引力；同时，还要制作全面的商品描述页面和参数表格，以帮助消费者更好地了解商品信息。

### 3. 引导消费者购买商品

在网店美工时，有关人员会根据网店的销售目标和消费者需求，制定具有吸引力的促销方案，并通过视觉设计将其呈现出来。经过精心设计的各种促销活动的海报、广告位等，能够有效地引导消费者的购买行为。

### 4. 提升消费者的购物体验

除了对页面进行设计外，网店美工人员还会关注消费者购物体验的优化。设计合理、清晰的导航菜单、搜索功能和购物流程等，能使消费者轻松地找到所需的商品并完成购买活动。同时，对网店进行设计美化时还要关注页面的加载速度和性能，以带给消费者流畅的浏览体验。

### 5. 助力品牌形象建设

在对网店进行设计美化时，不仅要关注当下的设计任务，还要参与品牌的形象建设，要确保网店的设计元素与品牌形象保持一致，通过长期的设计和维护工作，帮助网店建立起独特的品牌形象和风格。

## 五、网店美工的流程

### 1. 需求分析

与网店经理或相关团队成员沟通，了解网店的定位、目标消费者、品牌形象以及设计要求和期望。

### 2. 创意构思

根据需求分析，进行创意构思和制定设计方案。在这个过程中，要考虑网店的整体风格、色彩搭配、页面布局、字体选择等，以确保各项设计与网店的定位和风格相符。

### 3. 设计原型

根据创意构思，使用设计软件如 Adobe Photoshop 等，绘制页面原型和设计稿。页面原型和设计稿包括网页的整体布局、标志、图像、按钮样式等内容。

### 4. 评审和修改

将页面原型和设计稿提交给相关团队成员进行评审，收集反馈意见。根据反馈意见进行修改，以达到最佳的设计效果。

### 5. 图片和素材准备

收集或购买适用的图片素材和图标，并进行处理和优化，以便在网店设计中使用。

### 6. 实施和开发

根据页面原型和设计稿，与网店开发人员协作，进行页面的制作和开发。要确保设计与功能能较好地融合，以为消费者提供良好的浏览体验。

### 7. 测试和优化

页面开发完成后，要进行页面测试，检查页面是否符合要求、是否实现预期的效果。根据反馈意见和测试结果，进行必要的优化和调整。

### 8. 上线和发布

在测试和优化后，将设计好的网店页面上线发布，要确保页面正常运行和显示。

### 9. 维护和更新

定期检查网店，根据需要进行更新和维护，以提高消费者满意度。

## 六、网店美工常用的工具

### 1. Adobe Photoshop

Adobe Photoshop（以下简称 Photoshop）是一款用于图像制作和处理的专业软

件，其具有强大的功能，利用这些功能，可以有效地进行商品图片编辑、设计促销海报等，Photoshop 在网店美工中也有着广泛的应用。它主要用于商品图片的处理和美化，以及广告图片的设计和制作。

首先，Photoshop 可以对商品图片进行各种调整和修饰，如调整颜色、亮度、对比度、色彩饱和度，去除瑕疵，修复细节，调整大小和比例等。这些功能可以使商品图片更加美观，符合网店的展示要求。

其次，Photoshop 还可用于设计广告图片。通过编辑和设计商品图片，可以制作出具有吸引力的广告图片；通过添加文字说明、特效、边框等，可使广告图片更加生动鲜明。

此外，Photoshop 还有抠图、动态效果制作等功能，利用它能够更加高效地完成网店美工任务。

总的来说，Photoshop 是一款功能强大的图像处理软件，适用于网店美工和其他图像处理任务。通过使用 Photoshop，可以制作出高质量的商品图片和广告图片，提升网店的视觉效果和用户体验。Photoshop 是网店美工必备的软件工具，其界面如图 1–1–7 所示。

图 1–1–7　Photoshop 的界面

## 2. Adobe Dreamweaver

Adobe Dreamweaver（以下简称 Dreamweaver）是集网页制作和网站管理功能于一体的网页代码编辑器。利用它对 HTML、CSS、JavaScript 等的支持，设计师和程序员几乎可以在任何地方快速制作网页和进行网站建设。

Dreamweaver 在网店美工中主要用于网店的装修，包括店招设置、全屏海报设置、轮播图设置、自定义布局等。Dreamweaver 有强大的布局和排版功能，利用它能够轻松地创建出美观、专业的网店页面。

利用 Dreamweaver，可以快速地编辑页面和调整网店的各个部分，以达到最佳的视觉效果；同时，可以使用内置的样式和模板，也可以根据自己的需求自定义样式和布局。

此外，Dreamweaver 还有许多其他的功能，如编辑代码、连接 FTP 客户端、进行版本控制等，利用它的这些功能网店美工人员能够更加高效地完成网店美工任务。总的来说，Dreamweaver 是一款功能强大的网页设计和开发工具，适用于网店美工和其他网页设计。Dreamweaver 的界面如图 1-1-8 所示。

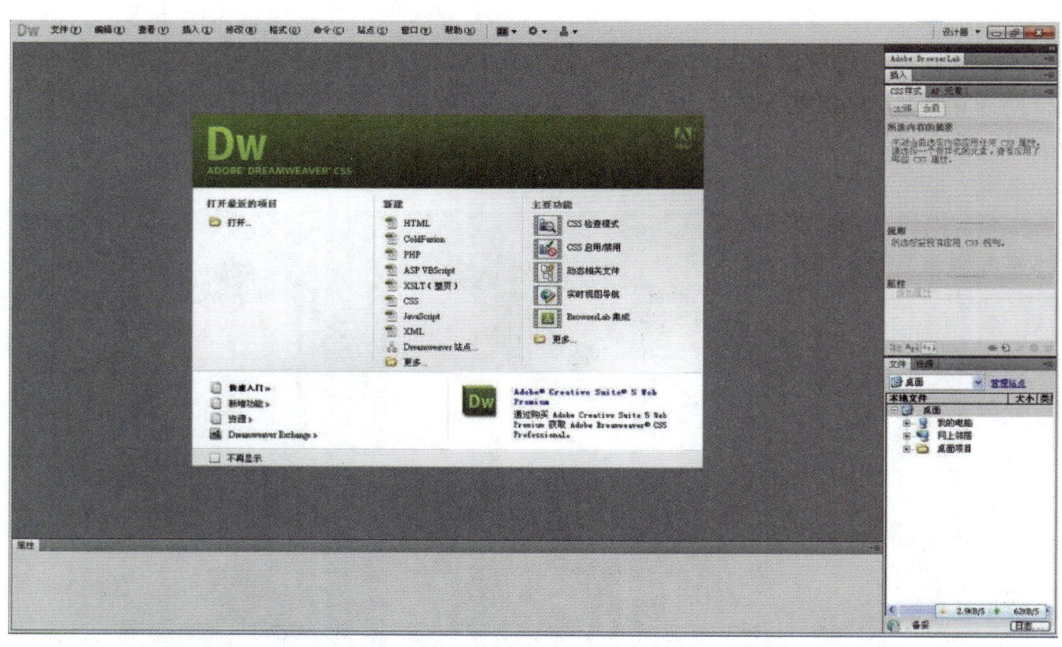


图 1-1-8 Dreamweaver 的界面

### 3. 光影魔术手

光影魔术手是一款简单易用的图像处理软件，用户无须具备专业的图像处理知识即可上手，特别适用于网店美工。它具有许多实用的功能，如批量处理、快速预览和浏览等，它还提供了多种模板和预设，利用它可以快速处理商品图片，使图片更加美观和吸引人，其界面如图 1-1-9 所示。

图 1-1-9　光影魔术手的界面

### 4. 美图秀秀

美图秀秀是一款功能强大的图像处理软件，特别适用于网店美工。

首先，利用美图秀秀可以对图片进行基本的调整和修饰，如裁剪，旋转，调整亮度、对比度、色彩饱和度等。利用它的这些功能可以快速修复图片上的瑕疵，使其符合网店的展示要求。

其次，美图秀秀提供了许多特效和边框，如渐变、模糊、锐化、马赛克等特效，以及各种风格的边框和文字特效。利用它的这些功能可以使图片更加生动和有吸引力，从而提高消费者的购买意愿。

此外，美图秀秀还支持批处理，利用它可以对多个图片进行批量处理，提高工作效率。同时，美图秀秀还提供了许多模板和预设效果，利用它可以快速制作出符合要求的图片。

在网店美工中，美图秀秀可用于商品图片的处理和美化，以及广告图片的设计和制作。利用美图秀秀，可以快速制作出高质量的商品图片和广告图片，提升网店的视觉效果和用户体验。

美图秀秀是一款简单易用、功能强大、高效快捷的图像处理软件，适用于网店美工和其他图像处理，其界面如图 1-1-10 所示。

图 1-1-10　美图秀秀的界面

## 5. 鹿班

在某种程度上，可以简单地把鹿班理解为人工智能设计师。利用鹿班，可便捷地设计出多种样式的海报，并且它可自动生成海报图、钻展图、直通车图，还可利用它自定义制作各种图画。利用该款软件可在短时间内完成大量 banner 图、主图等的设计，提高工作效率，其界面如图 1-1-11 所示。

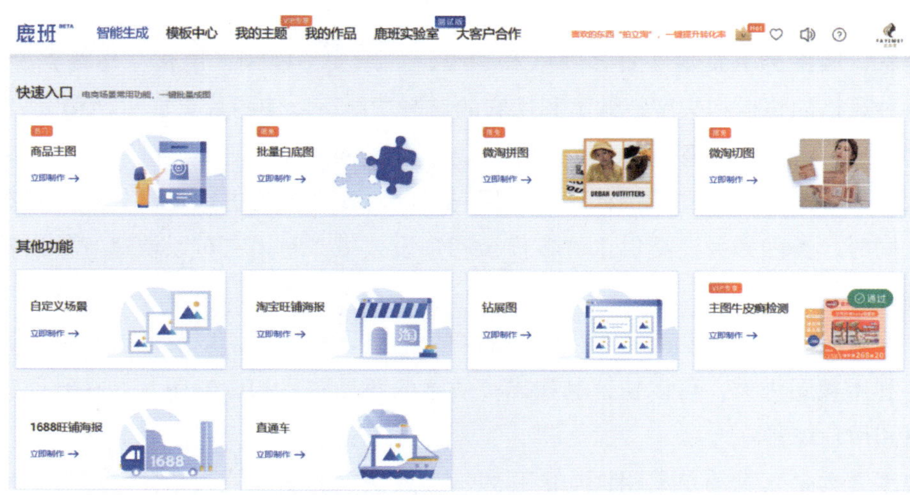


图 1-1-11　鹿班的界面

## 任务实施

**实训：网店美工常用的工具及它们之间的区别**

| 常用工具 | 应用场景 | 区别 |
| --- | --- | --- |
| | | |
| | | |
| | | |
| | | |

## 任务评价

请根据表 1–1–1 对本学习任务完成情况进行评价。

表 1–1–1　学习任务完成情况评价表

| 学习任务 | 网店美工基础 | | |
| --- | --- | --- | --- |
| 项目 | 评价内容 | 配分 | 得分 |
| 知识技能 | 网店美工概述 | 5 分 | |
| | 网店美工的内容 | 10 分 | |
| | 网店美工的原则 | 10 分 | |
| | 网店美工的作用 | 10 分 | |
| | 网店美工的流程 | 20 分 | |
| | 网店美工常用的工具 | 30 分 | |
| 素养 | 按规范执行任务、遵守工作制度的职业素养 | 5 分 | |
| | 严谨、细致的工作态度和团队合作意识 | 5 分 | |
| | 能提升审美意识，提高鉴赏辨别能力 | 5 分 | |
| 合计 | | 100 分 | |
| 任务评价 | | | |

思考与练习

1. 简述网店美工的原则。
2. 简述网店美工的流程。

# 学习任务 2　网店视觉营销基础知识

学习目标

- 知识目标

1. 了解网店视觉营销
2. 熟悉网店常见的风格
3. 熟悉网店风格设计要素

- 技能目标

1. 能掌握网店首页的布局
2. 能掌握首页设计元素、色彩及字体分析

相关知识

## 一、网店视觉营销概述

网店视觉营销是指利用色彩、图像、文字等形成的冲击力，吸引潜在消费者关注，由此增加商品和网店的吸引力，从而达到营销制胜的效果。视觉营销的表象是视觉呈现，其核心目的是营销。

## 二、网店常见的风格

打造网店的风格是吸引消费者的重要手段之一。不同的风格可以营造出不同的氛围，从而可以更好地销售商品。

### 1. 简约风格

简约风格的网店一般采用大面积的空白和纯色调，强调页面排版的整齐划一和信息的简洁明了。一些年轻的消费者喜欢简约风格的网店，因为在这类网店中通常更容易看清商品细节，获得更多的商品信息，并且在视觉上让人感觉更加清新、舒适，如图 1–2–1 所示。

图 1–2–1　简约风格的网店

### 2. 时尚风格

时尚风格的网店强调色彩的对比和变化，通常喜欢采用流行的图案和字体进行装饰。这种风格的网店常常给人一种新潮、时尚的感觉，如图 1–2–2 所示。如果网店的受众群体为年轻人、时尚人群，采用这种风格可能会更加吸引他们的眼球。

### 3. 复古风格

复古风格网店的设计元素通常以老式的图案、字体和色调为主，以营造出一种古

图 1-2-2　时尚风格的网店

朴、怀旧的氛围。这种风格在经营某些文化产品、收藏品的网店中比较受欢迎，如图 1–2–3 所示。

### 4. 清新风格

清新风格的网店通常以淡雅的色调为主，再配以清新的图片和文字，如图 1–2–4 所示。这种风格的网店常常营造出一种舒适、自然、和谐的氛围。在经营某些特定商品的网店中，如经营女性用品、家居用品等的网店，清新风格通常更受消费者的欢迎。

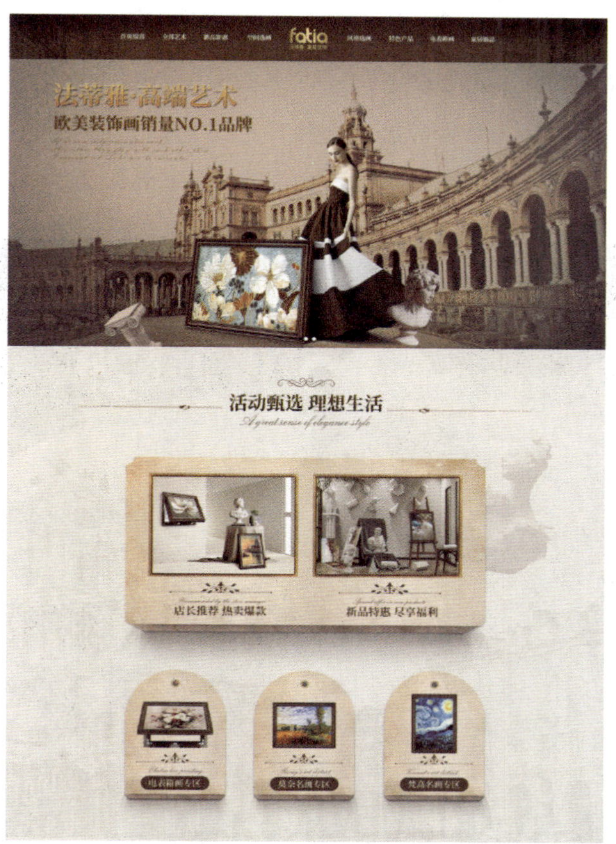


图 1-2-3　复古风格的网店

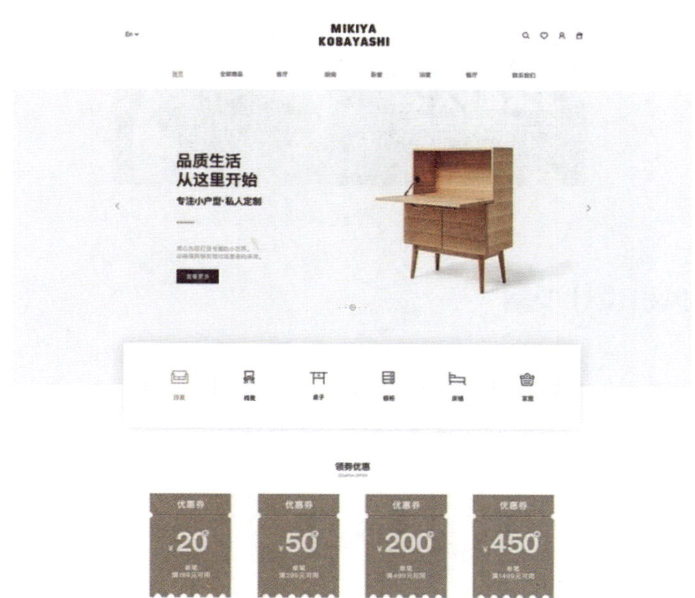


图 1-2-4　清新风格的网店

**5. 传统风格**

传统风格的网店通常采用花纹、图案、古色古香的色调等设计元素。这种风格的网店常常给人一种稳重、沉稳的感觉，如图 1-2-5 所示。如果网店的主要消费群体是老年人群和喜欢传统文化的人群，采用这种风格可能会更加合适。

图 1-2-5　传统风格的网店

## 三、网店风格设计要素

**1. 图片**

（1）图片清晰整洁。商品图片的清晰度是评价其完整性的重要指标之一。清晰的图片能够充分展现商品的细节和特征，让消费者更好地了解商品的实际情况。商品图片的背景应整洁、干净，没有与商品无关的装饰或广告语等。如果图片模糊不清或像素较低，可能会让消费者对商品产生不良印象。背景整洁能够突出商品，让消费者更好地关注到商品本身。在制作图片素材时，图片的分辨率至少应为 1 024 像素 ×1 024 像素，以保证所上传图片的清晰度，模糊的图片会降低网店的质感，带来不佳的视觉效果。图 1–2–6 所示是清晰整洁的图片和杂乱不清晰的图片的对比。

a）清晰整洁　　b）杂乱不清晰

图 1–2–6　清晰整洁的图片和杂乱不清晰的图片的对比

（2）图像比例一致。图像比例一致能让网页的布局看起来更加合理、清爽。可以在网店各个位置摆放商品图片，要避免各种尺寸的图片胡乱堆砌，并要保证每张图片有合理的高宽比，这样才能给人一种舒服的感觉。

（3）商品图片曝光正确。商品图片偏色及明暗度不佳都会造成色差问题，如果选用一张曝光不正确的商品图片，网店中展示的商品和消费者买到手的商品实物差别较大，就容易引起售后纠纷。因此，在选择商品图片时，也要考虑商品图片的曝光是否正确。图 1–2–7 所示是曝光正确的商品图片和曝光不正确的商品图片的对比。

a）曝光正确　　b）曝光不正确

图 1–2–7　曝光正确的商品图片和曝光不正确的商品图片的对比

（4）商品图片展示角度合理。商品图片应能够展示商品的实际外观和特征，展示角度符合人们常规的观察习惯。如果展示角度不合理，可能会让消费者对商品产生误解或有不良印象。商品展示角度合理，不仅能够增强商品的立体感，同时可以让消费者更加清晰地看到商品的全貌，如图 1-2-8 所示。

图 1-2-8　商品展示角度合理的图片

（5）商品图片完整性好。在保证商品展示角度合理的情况下，要尽量展示商品的多个侧面，这样可以让消费者通过一张主图获取更多的商品信息。图 1-2-9 所示为从多个角度展示商品的图片。

图 1-2-9　从多个角度展示商品的图片

## 2. 色彩

网店的色彩是消费者对网店的第一印象，也是网店风格设计的主要元素。对于消费者来说，在浏览网店时，最先吸引他们的是网店的色彩搭配。对于网店来说，可以利用色彩鲜明的商品图片吸引消费者浏览商品页面和关注商品，以此增加商品和网店的吸引力，从而实现良好的营销效果。

（1）色彩的分类。色彩分为无彩色和有彩色。无彩色是指除了彩色以外的其他颜色，常见的有黑、白、灰，其明度可从 0 变化到 100%，但其彩度很小，接近于 0。采用无彩色的网店页面如图 1-2-10 所示。

图 1-2-10　采用无彩色的网店页面

有彩色又称为有色的色彩，即色相环上所列的颜色，这些是人们最常看到的颜色。它以红、黄、蓝等为基本色，通过基本色之间按不同比例混合可以产生非常多的色彩。理论上来讲，色彩的种类没有上限。图 1-2-11 所示为采用有彩色的网店页面。

（2）色彩的三要素。

1）色相。色相，即色彩的外貌，是区别不同色彩的称谓。在众多的色彩种类中，为了易于辨认，人们为每一种色彩都赋予了一个称呼，因而能够呼其名而知其色。色

图 1-2-11　采用有彩色的网店页面

彩的产生源于物体表面的物理性光线反射，这些反射光线触及人们的视神经，从而形成了色彩的感觉。色彩之间的差异是由光波的长短决定的。而色相，正是对这些不同波长的光的色彩表现的描述。在可见光谱中，波长最长的是红色，最短的是紫色。为了更好地理解和应用色彩，人们将红、橙、黄、绿、蓝、紫这 6 种基本色，以及它们之间的红橙、黄橙、黄绿、蓝绿、蓝紫、红紫 6 种中间色，共计 12 种色彩，组成一个色相环。在色相环上排列的色是纯度高的色，称为纯色，如图 1-2-12 所示。

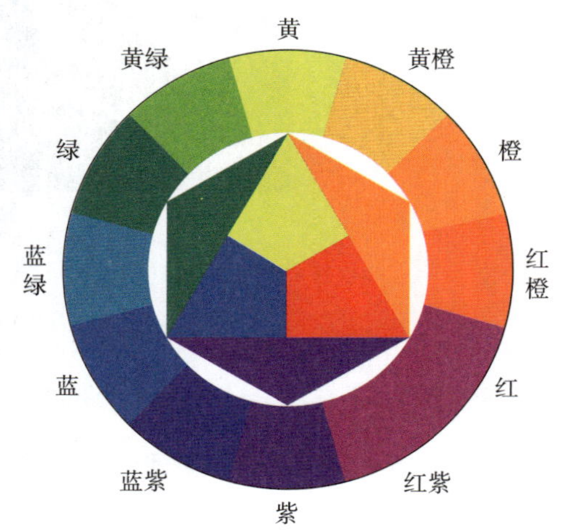


图 1-2-12　色相环

2）明度。明度，即色彩的明暗程度，是指色彩因光线的强弱反射而产生的明暗变化。以红色为例，当光线反射强烈时，红色会显得明亮，呈浅红色；反射较弱时，

则显得深沉，呈深红色。这种色彩明暗的细微差别，正是色彩明度的体现。

每一种色彩都拥有一系列的明暗度，它们在人们的视觉感光范围内，随着光线反射量的变化而呈现出不同的饱和度，如图 1–2–13 所示。随着光线的增强，色调逐渐升高，饱和度也随之提升；而光线减弱，则色调变暗，饱和度相应降低。当光线的反射量恰好达到最高感光度时，色彩的饱和度达到顶峰，呈现出最为鲜艳的色彩。当完全没有光线时，反射度为零，色彩消失，色彩饱和度亦归零。而当光线过强，超过视觉感光度的极限时，反射度超出人们的接受范围，色彩将呈现为白色，此时饱和度同样为零。在这两种极端情况下色彩呈现为黑色和白色，因其饱和度为零，被归类为无彩色系列。

图 1–2–13　明度

3）纯度。纯度，即原色在色彩组合中所占的比例，它决定了色彩的鲜艳程度，如图 1–2–14 所示。纯度越高，色彩越鲜艳、越强烈，最纯的色彩即原色。纯度不仅体现了色彩的浓淡和深浅，更是判断色彩鲜艳度的标准。随着纯度的逐渐降低，色彩会变得越来越淡，当纯度降至最低点时，色彩将失去其色相，转变为无彩色——黑、白、灰。高纯度的色彩因其鲜艳夺目，常用于突出重点和吸引观众眼球，而低纯度的色彩则更适合于打造暗示、过渡效果或降低某些元素的显著性。在绘画艺术中，纯度的巧妙运用能够极大地影响画面的氛围、传递的情感以及最终的视觉效果。例如，高纯度的色彩往往能给人带来活力和冲击感，而低纯度的色彩则更倾向于传达一种平静和柔和的美感。在色彩纯度的定义中，0 通常代表黑色，而 100% 则代表白色。

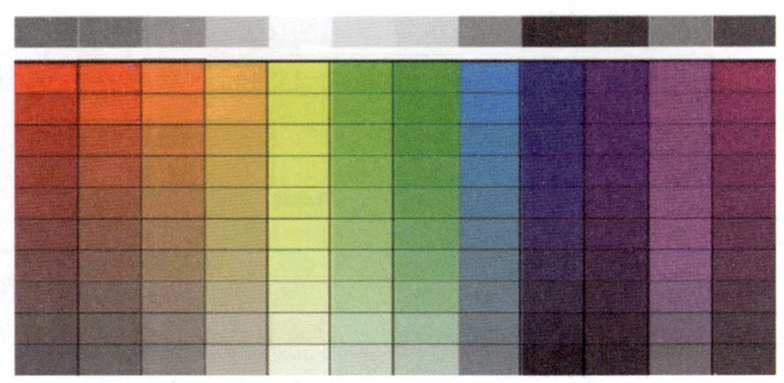

图 1-2-14 纯度

### 3. 文字

字体作为设计的重要元素之一，与其他设计元素一样需要保持一致性。在网页设计中，字体不仅要展现其独特的展示性，还需确保文字有良好的可读性。展示性字体能在特定情境下产生戏剧化效果，通过屏幕呈现，更有效地吸引消费者，向消费者传递特定的信息和情感。因此，合理运用展示性字体不仅有助于提升品牌形象，使文本内容更易于理解，还能创造丰富的视觉层次，使网店在消费者心中留下深刻的印象。

在网店美工中，字体主要有以下几种：

（1）简约的字体。采用实验性的、富有创造性的排版方式，最基础、最简单的字也能令人印象深刻。例如，在一个图片中采用多种字体，这种设计方式能将商品信息更直观、更清晰地传递给消费者，如图 1-2-15 所示。

图 1-2-15 一个图片中采用多种字体

（2）装饰性字体。恰当地使用装饰性字体，可以打造充满创意和有趣的氛围，如图 1-2-16 所示。特别是在一些极简设计风格的页面中，装饰性字体能让页面显得独特而有趣，消费者能更容易注意到这些字。

（3）手绘字体。手绘字体是品牌化设计强有力的工具。手绘字体能够让整个页面显得更加优雅，如果运用得当，独一无二的手绘字体还能增强页面的独特性，如图 1-2-17 所示。但是，要注意不要因过度追求漂亮的效果而牺牲文字本身的可读性，给消费者带来视觉障碍。

图 1-2-16 装饰性字体

图 1-2-17 手绘字体

（4）叠加其他元素设计的字体。将某个字体和其他元素叠加在一起使用，可以创造出引人注目的视觉效果，是当下比较流行的打造视觉效果的策略之一，如图 1-2-18 所示。在搭配其他元素时，应注意色彩、纹理和元素等的合理运用，确保文字的可识别度。

图 1-2-18 叠加其他元素设计的字体

## 任务实施

**实训：赏析匹克运动鞋旗舰店的设计，对页面的设计元素、色彩搭配与字体搭配等进行分析**

在淘宝网等购物网站中，存在非常多的不同类别的网店，每个网店的设计都有其优点，本实训将通过对匹克运动鞋旗舰店进行赏析，学习色彩搭配方法，然后根据网店布局分析网店设计的合理性，并通过对首页设计的分析解析该网店吸引消费者购买商品的方法。

图 1–2–19 所示为匹克运动鞋旗舰店的首页，可以从以下两个方面对匹克运动鞋旗舰店的网店页面进行赏析。一是查看首页的页头、页中和页尾，主要查看店招、导航条等部分，对其中的文字字体进行分析，掌握不同字体的适用范围；二是对图片中的促销术语进行了解。

图 1–2–19　匹克运动鞋旗舰店的首页

（1）该网页整体采用的色彩为红色，红色属于比较活泼、可爱的颜色，与店招上的 logo 搭配，比较美观，恰逢元旦节日活动，非常醒目，如图 1–2–20 所示。

图 1-2-20　店招

（2）文字字体主要以黑体为主，简洁大方，庆祝元旦节日的广告语，字体颜色为白色，与红色的背景形成了对比，突出了文字的内容，如图 1-2-21 所示。“双旦礼遇季”采用与钟表元素叠加使用的字体，非常突出、醒目，表示网店正在参与平台活动。

图 1-2-21　文字与背景形成对比

（3）在首页中加入了优惠券领取和会员专属好礼模块，使消费者打开网页便能立刻看到促销信息，促进了会员数量的增加和商品的销售，如图 1-2-22 所示。

图 1-2-22　优惠券领取和会员专属好礼模块

（4）在首页的下方，有分类导航模块和收藏店铺链接，“收藏店铺”前有爱心图形，分类导航模块对商品类目区分简单、直接，帮助消费者快速查找和购买商品，如图 1–2–23 所示。

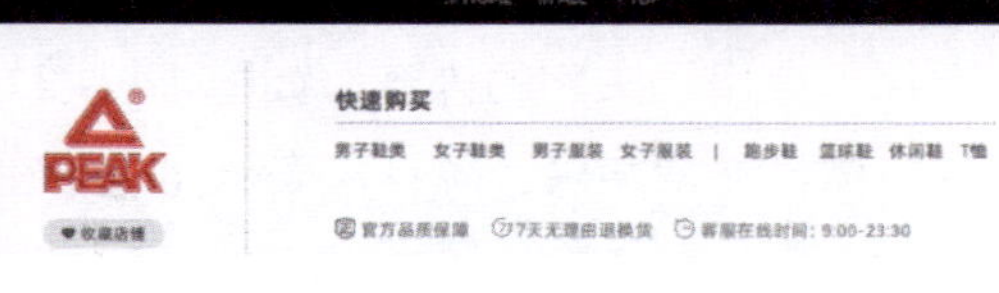

图 1–2–23　分类导航

（5）页尾部分对网店的诚信和服务保障进行了强调，4 部分的标志采用红色设计，与网店整体色调相一致，标题加粗，使消费者可以轻松看到这部分内容，如图 1–2–24 所示。

图 1–2–24　页尾

## 任务评价

请根据表 1–2–1 对本次学习任务完成情况进行评价。

表 1–2–1　学习任务完成情况评价表

| 学习任务 | 网店视觉营销基础知识 | | |
|---|---|---|---|
| 项目 | 评价内容 | 配分 | 得分 |
| 知识技能 | 网店视觉营销概述 | 10 分 | |
| | 网店常见的风格 | 15 分 | |
| | 网店风格设计要素 | 15 分 | |
| | 网店首页鉴赏分析 | 45 分 | |
| 素养 | 按规范执行任务、遵守工作制度的职业素养 | 5 分 | |
| | 严谨、细致的工作态度和团队合作意识 | 5 分 | |
| | 认真工作、刻苦钻研、守正创新等职业意识 | 5 分 | |
| 合计 | | 100 分 | |
| 任务评价 | | | |

图 1-2-25 所示为林清轩官方旗舰店首页，请对该网店首页的颜色、风格、色彩搭配、构图方式、字体等进行分析。

图 1-2-25　林清轩官方旗舰店首页

## 思考与练习

1. 什么是网店视觉营销?
2. 常见的网店风格有哪些?

# 项目二
# 网店形象设计

## 项目概述

网店形象设计是指在第三方平台规则许可的范围内，通过各种美化及设计手段，将一个网店的文化、理念、特色表达出来，以建立独特且有吸引力的网店形象。一般来说，网店的形象设计包括网店标识（以下简称店标）设计、网店招牌（以下简称店招）设计、公告栏设计、商品分类设计等。

## 学习任务1　店标设计

### 学习目标

- 知识目标

1. 了解店标的概念
2. 熟悉店标的分类
3. 掌握店标的设计原则

- 技能目标

1. 能掌握店标的设计方法
2. 能根据店标的设计内容进行店标设计

## 相关知识

近年来，随着电子商务的蓬勃发展，开设网店已成为众多创业者创业的首选目标。淘宝、天猫、京东等电商平台商家都深知店标设计的重要性，认为店标是网店形象和品牌文化的核心体现。店标不仅是网店的灵魂所在，更是吸引消费者眼球、提高点击率和浏览量的关键因素。因此，为网店设计一个具有视觉冲击力和表现力的店标，是网店形象设计的重要部分。

### 一、店标概述

店标作为商店标识系统中无法用言语形容但却极易识别的部分，实际上是一种图形化的“视觉语言”。它由特定的图案和色彩组合而成，向消费者准确地传达商店的独特信息，既有助于提高商店的辨识度，又能有效促进商品销售。对于网店而言，店标的重要性不言而喻。一个优秀的店标设计往往能给消费者留下深刻的印象，它不仅代表了网店的独特风格，更彰显了店主的审美品位，同时突出展示了商品的独特魅力，起到了极佳的宣传推广作用。

#### 1. 店标的分类

店标主要分为静态店标和动态店标 2 类，其中静态店标又分为文字型店标、图案型店标和组合型店标。

（1）静态店标。静态店标，作为一种稳定且不变的网店或实体店铺标识，常被放置在固定的网页界面或实体建筑设施上。与动态店标不同，静态店标的特点在于其恒定性，不随时间流转而改变。设计静态店标时，需综合考虑色彩搭配、形状构造、字体选择等，以确保其在不同环境中都能被轻松识别和阅读。此外，为了保障安全与合规，静态店标的设计还必须符合相关法律法规和标准的规定。

1）文字型店标。文字型店标主要由文字或拉丁文字母组成，内容多为网店名称、品牌口号或简短的标语等。这类店标传递信息直观、易于识别、适应性强、设计简单、适用范围广。如图 2–1–1 所示，经营佳能产品的网店使用佳能的经典标志作为店标，经营脉动饮料的网店以脉动的艺术字作为店标，这会使消费者非常容易就知道该网店经营产品类别。

2）图案型店标。图案型店标是一种以图形为主要表现形式的店标，通常由抽象的符号或具体的图案组成。这种类型的店标具有较强的视觉冲击力和艺术美感，容易引起人们注意。常见的图案型店标包括抽象图案店标、具象图案店标、徽章图案店标等。图案型店标在设计时需要考虑网店的特点和需求，以及目标消费者的喜好和认知

图 2-1-1　文字型店标

能力；同时，还要考虑店标在不同媒介上的呈现效果，以确保其在各种环境下都能保持一致性和有较高的清晰度。图 2-1-2 所示为一组抽象图案店标，这类店标由抽象的几何图形、线条和色块等组成，用以传达网店的精神、理念或特点。

图 2-1-2　抽象图案店标

3）组合型店标。组合型店标是一种将文字和图形等多种元素组合在一起的店标。这种类型的店标通常可识别度高、极具个性，能够有效地展现品牌的核心价值和特点，可提升品牌的形象和可识别度。如图 2-1-3 所示，三星品牌店标将三星企业名称与动态的蓝色椭圆图形相结合，该店标柔和、简洁，稍加倾斜处理的蓝色椭圆图形，也突出了具有创新精神的企业形象。宝马品牌店标是一个非常经典的组合型店标，由蓝色和白色相间的格子图案和一个圆形组成，代表了蓝天、白云和旋转不停的螺旋桨。这个店标设计简洁而富有动感，很好地展现了宝马公司蓬勃向上、日新月异的品牌形象。中国石油和中粮品牌的店标同样也是经典的组合型店标。设计师巧妙地将文字、图形和色彩等元素组合在一起，创造出的店标独特、易于识别。

图 2-1-3　组合型店标

（2）动态店标。动态店标是一种充满活力和动感的店标，通常由多个元素或图案组成，通过动态的展示方式来吸引消费者的注意力。与静态店标相比，动态店标更加具有视觉冲击力和表现力，能够更好地传达品牌的特点和个性。如图 2-1-4 所示，味千拉面品牌的动态店标就是一个充满活力和动感的店标。在该店标中，可以看到一个碗形的图案，碗里装满了拉面，拉面在碗中摇摆、舞动，代表着味千拉面美味的面条具有独特的口感。同时，碗形图案的边缘呈波纹状，与拉面的舞动相呼应，增强了整个店标的动态感。动态店标的文字采用了独特的书写方式，呈现出时尚、个性化的特点，与碗形图案和拉面的舞动相呼应，使整个店标更加生动有趣。

图 2-1-4 动态店标

总的来说，动态店标是一种充满活力和富有表现力的店标，能够更好地传达品牌的特点和个性，吸引消费者的注意力。随着数字技术的不断发展，动态店标的应用也越来越广泛，它逐渐成为品牌形象设计中不可或缺的一部分。

**2. 店标的作用**

对于网店而言，店标有着相当重要的地位，好的店标能够给消费者留下深刻的印象。店标的具体作用体现在以下几个方面。

（1）网店店标不仅是品牌形象和网店风格的代表，更体现了店主的审美品位和商品的独特性。它在企业识别和推广中扮演着至关重要的角色，能为网店带来积极的宣传效应。

（2）鲜明的网店店标不仅有助于企业开拓市场，还能够给消费者留下深刻的印象。它能帮助消费者轻松识别并记住企业及其核心产品，从而帮助企业稳固并扩大客户群体。

（3）通过店标，网店能够塑造出独特的形象，加深消费者对网店及其商品的认识。在进行各类推广活动时，鲜明的店标更易于打响网店知名度，使消费者对网店有深刻印象。如图 2-1-5 所示，该网店巧妙地将店标应用在名片、宣传材料和商品包装上，成功地塑造了企业形象，这不仅有助于网店的品牌宣传，更提升了品牌的整体竞争力。

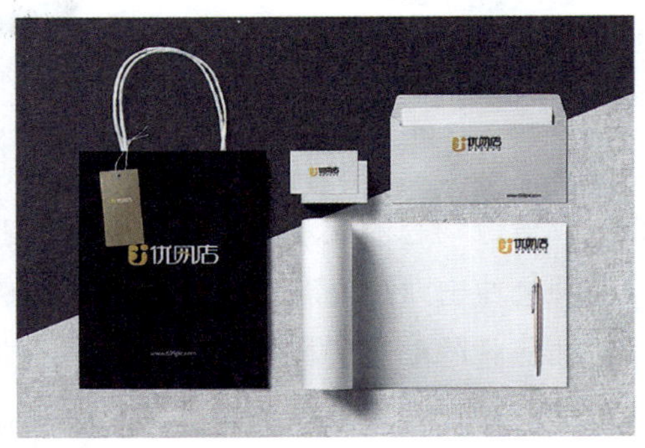


图 2-1-5 将店标应用在名片、宣传材料和商品包装上

## 二、店标设计方法步骤和原则

网店店标设计是企业在网络平台上打造品牌形象，吸引消费者关注和购买产品的重要手段。一个好的店标设计可以有效地传递品牌理念，提升品牌的知名度，增强企业的竞争力。

### 1. 店标设计方法

（1）具象手法。采用具象手法设计店标是指基本忠实于客观物象的自然形态，选取 2～3 个与行业相关的元素来设计店标。这种店标设计充分体现了品牌的特点，使品牌的特点更加鲜明、突出，便于消费者理解与记忆。图 2-1-6 所示是 2 个采用具象手法设计的店标，肯德基品牌的店标设计选取了肯德基的英文、红色的背景、白胡子的老爷爷三个非常有代表性的元素，王致和品牌的店标设计选取了王致和的中文、拼音名称和王致和的形象三个非常有代表性的元素，突出了品牌的特点，让人印象深刻。

图 2-1-6　采用具象手法设计的店标

（2）抽象手法。采用抽象手法设计的店标，其表现形式与采用具象手法设计的店标的表现形式恰好相反，这类店标的图形图像呈现出极简主义的状态，通过有效的设计技巧使店标具有简洁、严谨、新奇的艺术特征，这类店标能传递给消费者准确的品牌行业信息，进而便于消费者识别。图 2-1-7 所示为典型的采用抽象手法设计的店标，该店标呈菱形，注重几何图形的排列组合，整体呈现出一种简约感和时尚感，能够很好地展示品牌的形象和特点。

图 2-1-7　采用抽象手法设计的店标

（3）字体创意手法。采用字体创意手法设计店标时，要对网店名称的汉字或英文字母进行创意变形设计，英文一般会采用字库中的字体，中文一般会进行艺术化处理。这样的处理手法可让文字变得有趣，充满吸引力，进而有较好的视觉效果。图 2–1–8 所示是 2 个采用字体创意手法设计的店标，红磨坊品牌店标的店名中，“红”和“坊”二字的部分笔画被做了拉长变形处理，使文字更有韵味、充满动感，让店标变得醒目独特。一点点品牌店标设计同样对中文字进行创意变形处理，将部分笔画替换成圆点和象征图形，与店名相呼应，店标充满设计感，使人印象深刻。

图 2–1–8　采用字体创意手法设计的店标

（4）地域元素表现手法。采用地域元素表现手法设计的店标以能体现当地民俗文化的图案、文字等为设计元素，这些设计元素可以构成独一无二的、富有地域文化特点的店标，体现浓厚的人文情怀，容易引起人们的共鸣。但是这类店标设计时，需要对当地文化进行深入了解，经研究推敲后再进行设计。图 2–1–9 所示是 2 个采用地域元素表现手法设计的店标，左侧的具有中式园林花窗特点的店标设计，突出了中华优秀传统文化和园林艺术的精髓，整个设计简洁、大气，体现了中式园林的历史文化底蕴；朴云思泉品牌的店标设计简洁、大气，符合品牌形象和特点，店标选用了富有地域特点的山脉和泉水图案，寓意着品牌倡导清新、纯净、自然的生活方式。

图 2–1–9　采用地域元素表现手法设计的店标

**2. 店标设计步骤**

（1）深入调研与分析。在开始设计之前，对网店所处的行业类别、经营理念进行全面且深入的了解是至关重要的。这包括研究经营战略、进行市场分析、明确店主的

基本意愿以及对竞争对手进行深入分析等。这些调研数据将为后续的设计工作提供有力的支持。

（2）挖掘关键要素。在调研的基础上，确定店标的结构类型和色彩取向。同时，明确列出店标需要展现的内涵和特点，进一步挖掘与之相关的图形元素。这一步将为后续的设计工作奠定坚实的基础。

（3）创意设计与开发。基于对网店的深入了解和设计要素的充分掌握，可以从多个角度和方向展开创意设计与开发工作。在这个过程中，要充分发挥想象力，尝试运用不同的表现方式，将设计要素巧妙地融入设计中，以创造出一个有内涵、特征鲜明、造型大气、结构稳重且色彩搭配合理的店标。经过团队的讨论、分析和修改，最终确定最适合企业的店标设计方案。图 2–1–10 所示为设计与开发的店标草图。

（4）完善与规范。确定的店标在细节上可能仍需要进一步完善。在这一步中，要对店标进行修改和完善，以确保它的适用性。同时，要确保店标在不同环境中都能应用，从而实现统一、有序且规范的传播效果。

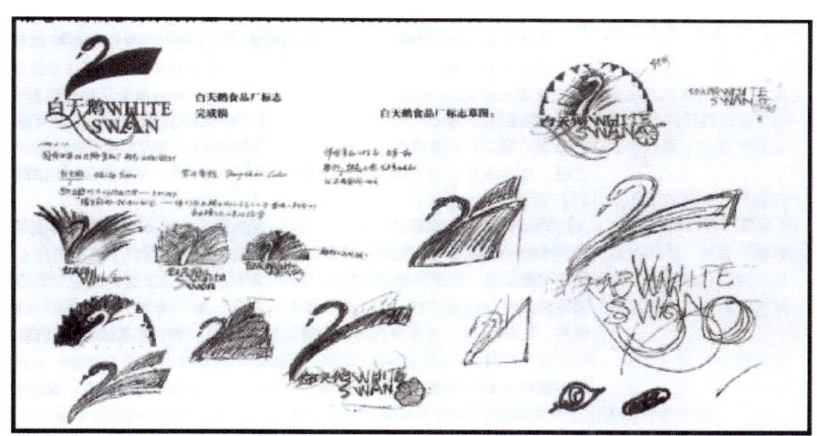


图 2–1–10　设计与开发的店标草图

### 3. 店标设计原则

店标设计应遵循三大原则：造型创意性、独特可识别性和设计统一性。

（1）造型创意性。在如今竞争激烈的电商市场中，网店数量庞大、种类繁多。为了凸显品牌特色，店标设计必须具备独特的创意性，构图应新颖别致，富有个性，以区别于其他网店店标，给消费者留下深刻的印象。唯有如此，才能在众多网店中独树一帜，吸引更多目光。图 2–1–11 所示是苹

图 2–1–11　苹果品牌店标

果品牌店标，苹果公司是全球知名的公司之一，被咬了一口的苹果是它的非常经典的且具有代表性的标志，该店标简洁而有创意，符合苹果公司的品牌形象和特点。

（2）独特可识别性。店标作为一种直观且能迅速传递信息的视觉符号，必须具备即刻引人注目的能力。一个出色的店标应能在瞬间被消费者辨识并领悟到其内涵，通过运用简洁却富有冲击力的设计要素，如鲜明的色彩、独特的图案以及醒目的字体等，成功地将品牌的核心价值和独特魅力展现给消费者。图 2–1–12 所示是几个具有独特可识别性的店标，店标名称使用了不同类型的书法字体设计，图案部分呈现了与网店商品有关的元素，并与文字巧妙地结合在一起，充满设计感，能够很好地展示网店的形象和商品的特色。

图 2–1–12　具有独特识别性的店标

（3）设计统一性。店标的设计必须与网店的经营理念、文化特色以及所售商品的特点紧密契合，只有这样才能引起消费者的广泛共鸣和赢得他们的认可。此外，店标的设计还需符合大众审美趋势，因为在网络购物过程中，消费者往往会全面对比和评估同类网店。一个既符合网店特色又能抓住消费者眼球的店标，无疑会使网店在激烈的市场竞争中脱颖而出。与网店形象相符、有特色、具有较好外形的店标会给消费者留下深刻的印象，如图 2–1–13 所示。

总而言之，一个好的店标应该能够有效地凸显品牌特色，提升品牌形象，吸引消费者关注并购买商品。企业在进行店标设计时应遵循以上原则，并结合自己的品牌理念和产品特点，设计出符合自身需求的店标。只有这样，才能在激烈的市场竞争中脱颖而出，取得成功。

图 2-1-13　与网店形象相符的店标

## 三、店标设计内容

电商平台对网店店标图片的格式和尺寸都是有一定要求的。以淘宝网店为例，淘宝网店的店标图片格式可以为 GIF、JPEG、PNG，图片的大小要求在 80 KB 以内，建议尺寸为 80 像素 ×80 像素。因此，在设计店标时，图片尺寸一般控制在 100 像素 ×100 像素左右，最大不超过 200 像素 ×200 像素。

### 1. 图形和图案

图形和图案是店标设计的关键元素。在店标设计时，可以通过几何形状、图案、图形符号、动物和人物形象等来传递品牌的价值，展现品牌的个性和特点。例如，有些品牌的店标采用了对称的几何图形，而一些品牌的店标则通过简洁、抽象的图形来展现品牌的特点，如阿迪达斯、耐克品牌的店标，如图 2-1-14 所示。

图 2-1-14　阿迪达斯、耐克品牌的店标

图案设计是店标设计的重要内容。在店标设计时，可以通过利用图形符号和图案来展现品牌个性和特点。有些品牌的店标采用了与产品相关的图案，如奔驰品牌店标采用奔驰的星形车标图案，如图 2-1-15 所示。图案选择时需要注意，它要与网店品牌的整体形象和定位相匹配，要选择最简单、最容易记忆的图案，以易于被识别，从而在消费者心中树立品牌形象。

图 2-1-15　奔驰品牌店标

## 2. 字体

字体设计是店标设计的另一个重要内容，字体设计在店标设计中具有非常重要的作用。字体设计优秀的店标能够吸引消费者的注意力，提升品牌形象，增强品牌识别度，并展现出品牌的个性和特点。字体设计的作用主要体现在以下几个方面：

（1）可识别性：字体设计是企业形象识别系统的一部分，它能彰显企业身份，展现企业的个性与特色。

（2）传播性：良好的字体设计能够提高品牌信息传播的独特性，进而强化品牌形象的差异化特征，凸显企业独有的个性风格，展现企业的价值。

（3）社会性：字体设计使具有相同审美的群体互相沟通和认同，相互协作与支持；能够提升品牌的美学内涵，赋予品牌审美价值。

设计好的文字需要具备以下几个特点：一是美观与独特性。设计好的文字需美观、独特，让人赏心悦目。二是可读性。无论用于印刷品还是屏幕显示，都需要保证文字清晰易读。三是适用性。选用的字体能满足不同应用场景的使用要求。此外，还要保证字体的一致性与可组合性，以达到视觉上的平衡。

店标设计常用的字体主要包括以下几类：

（1）楷书：楷书有一种古典的韵味美，给人以稳重、端庄的印象，适用于传统或复古风格的品牌店标的字体设计。

（2）宋体：宋体是一种规范、端正的字体，适用于专业性较强的品牌的店标字体设计。

（3）黑体：黑体是一种粗犷、充满力量感的字体，能给人带来很强的视觉冲击，适用于表达力量、崇尚独立或男士用品的品牌的店标字体设计。

（4）仿宋：仿宋字体既有楷书的古典韵味，又有宋体的规范性，适用于形象文艺、清新或女士用品的品牌的店标字体设计。

（5）行书：行书字体流畅自然，给人以潇洒、飘逸的感觉，适用于时尚、年轻或动感的品牌的店标字体设计。

在选择字体时，需要注意其与品牌的整体形象和定位的匹配性。如图 2–1–16 所示，五号山谷品牌店标文字使用了手写风格的字体，符合网店温馨、亲切、友好的品牌形象。鸿晨光环境品牌店标采用了现代且简洁的字体设计，这一选择与其科技领先、专业可靠的品牌形象相得益彰，完美呈现了品牌的核心理念。

图 2–1–16　字体在店标中的应用

### 3. 色彩

色彩作为店标设计中的核心要素，不仅展现了品牌的性格与情感，更塑造了其独特的视觉形象。在选择色彩时，品牌的性格与市场需求是必须细致权衡的因素。对于那些追求情感共鸣的品牌，温暖的色彩如红色、黄色和粉色，能够有效地展现热情、活力与亲近感；而科技、医疗、金融等需要展现专业与信赖感的行业的品牌，则更倾向于采用蓝色、灰色和白色等冷静且稳重的色彩。此外，为了确保店标在不同平面和介质上都能保持一致的视觉效果，店标色彩的饱和度、亮度及对比度等也需要精心调整。如图 2–1–17 所示，圆点设计品牌的店标巧妙地以三原色为主色调，既醒目突出，又极具辨识度，充分体现了色彩在店标设计中的重要作用。

色彩对于品牌形象的塑造至关重要，在色彩选择时，要考虑色彩在不同文化和语言背景下的内涵。以红色为例，它在中国文化中象征着幸福和吉祥，而在西方文化中，红色却常常与危险、警示和停止等意义联系在一起。因此，在面向国际市场进行品牌形象推广时，必须深入了解并尊重各种文化对色彩的不同解读，确保品牌信息的准确传达。

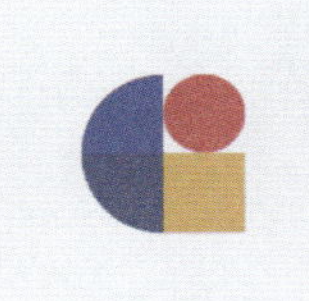

图 2–1–17　圆点设计品牌的店标

## 任务实施

**实训 1：采用具象手法为经营金橘糖膏的网店设计组合型店标**

在本次实训中，可以新鲜摘取的金橘果作为图形素材制作几何图形。字体采用方正姚体，颜色采用经典的黑白色，用复古的字体和几何图形来设计店标，以营造传统、怀旧的感觉。这种设计方式可以突出金橘糖膏的历史底蕴和独特的传统制作工艺，提升品牌的可信度和价值感，最终效果如图 2–1–18 所示。

图 2–1–18　经营金橘糖膏的网店的店标

### 1. 绘制金橘图形

（1）新建一个画布，尺寸为 600 像素 ×600 像素，其余参数保持默认设置，如图 2–1–19 所示。

（2）导入“项目二—任务 1 实训 1—素材 1”图片素材，如图 2–1–20 所示，使用钢笔工具绘制金橘轮廓，并用钢笔工具在金橘图形内部绘制两条曲线，如图 2–1–21 所示。

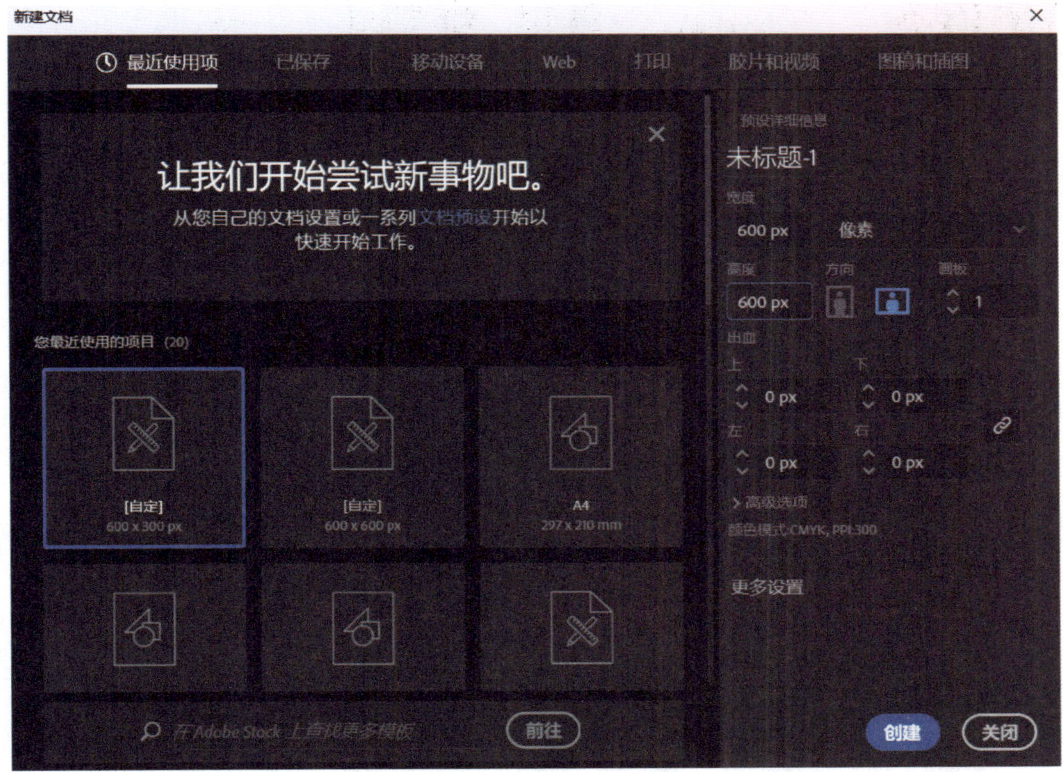


图 2-1-19　新建一个画布

图 2-1-20　金橘图片素材

图 2-1-21　用钢笔工具在金橘图形内部绘制两条曲线

（3）用混合工具点击两条曲线，指定的步数设置为 16，如图 2-1-22 所示。

（4）单击鼠标右键选择上一步绘制的曲线，执行“对象—扩展外观—扩展”命令打开“扩展”对话框，勾选“对象”“填充”复选框，如图 2-1-23 所示。

（5）选择形状生成器工具，同时按住 Alt 键，删除多余的线条，如图 2-1-24 所示。

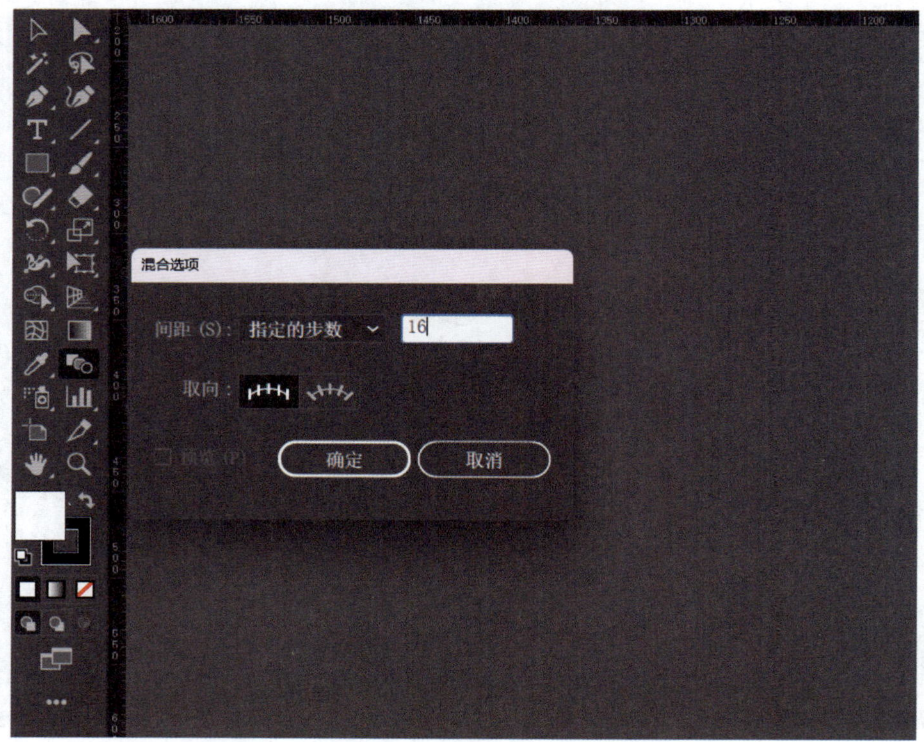


图 2-1-22　设置步数

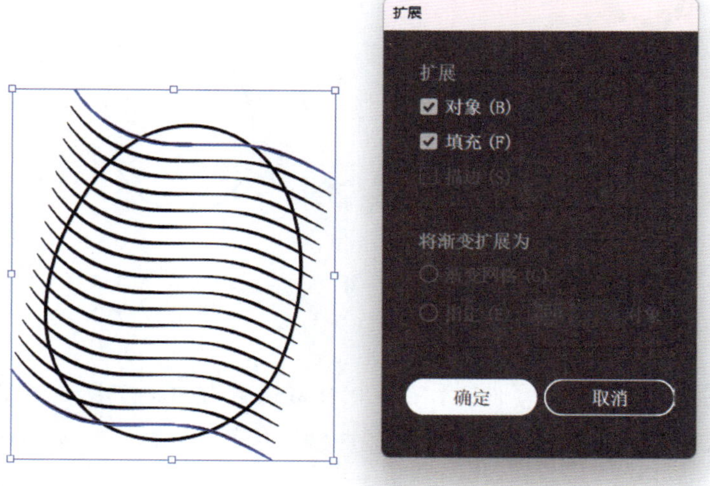


图 2-1-23　执行“对象—扩展外观—扩展”命令

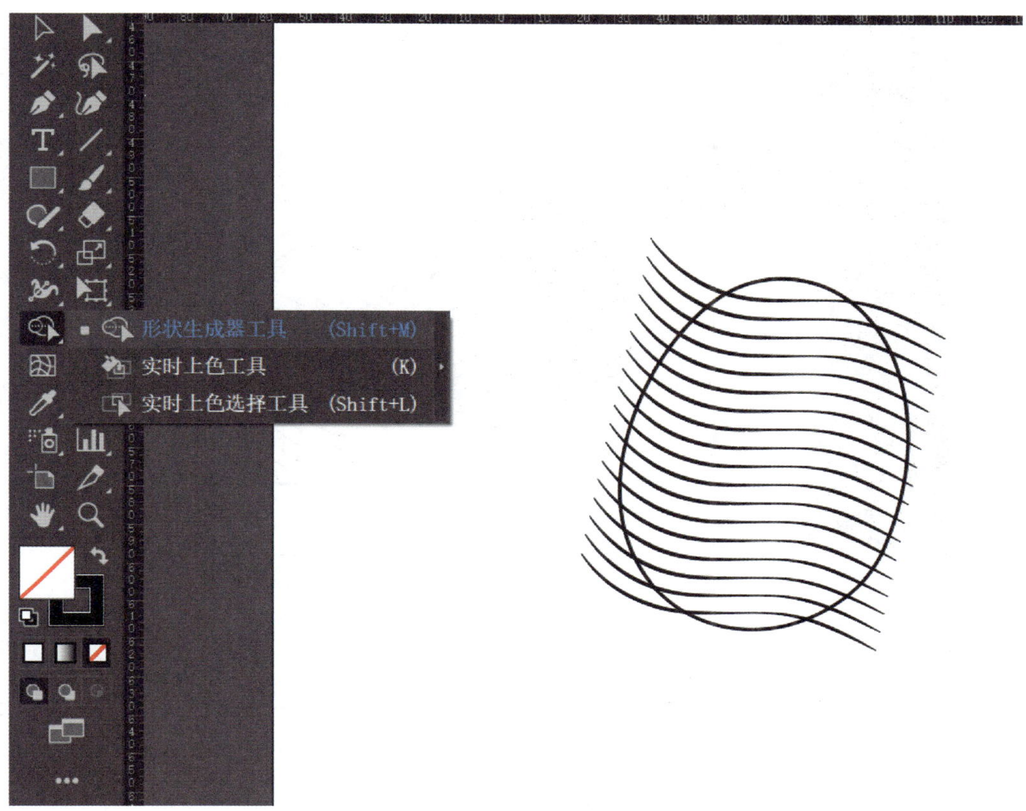


图 2-1-24　删除多余的线条

（6）复制绘制好的图形并粘贴在它旁边，此过程重复一次，如图 2-1-25 所示。

（7）用橡皮擦工具擦除图形之间多余的线条，擦除后效果如图 2-1-26 所示。

图 2-1-25　复制绘制好的图形并粘贴在它旁边

图 2-1-26　用橡皮擦工具擦除图形之间多余的线条

## 2. 绘制金橘梗图形

（1）参照背景图形，用钢笔工具绘制金橘梗的外轮廓并为其填充颜色，填充颜色为黑色，如图 2-1-27 所示。

（2）用矩形工具框选出高光部分，选中部分线条，用路径查找器分割线条，如图 2-1-28 所示。

图 2-1-27　绘制金橘梗的外轮廓

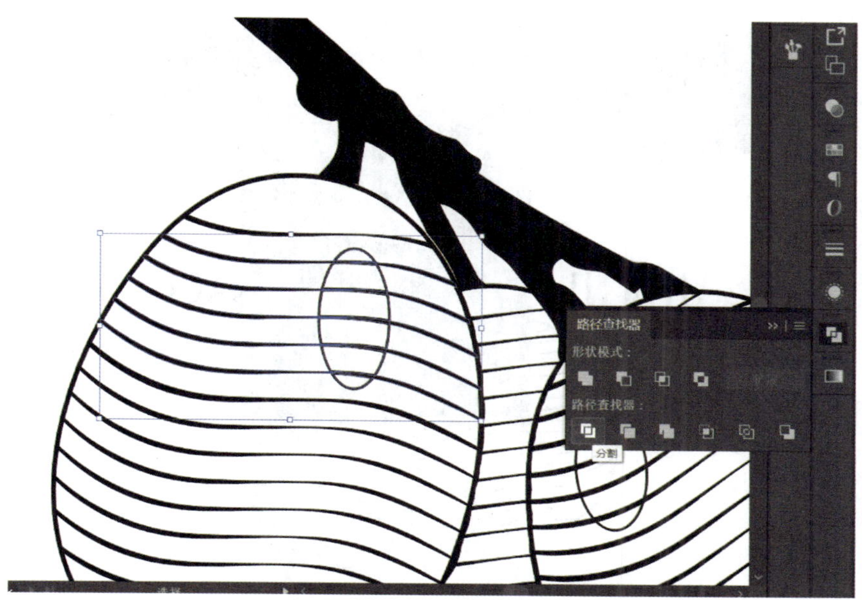


图 2-1-28　用路径查找器分割线条

（3）删除矩形工具框选部分，制作高光效果，如图 2-1-29 所示。

图 2-1-29　删除矩形工具框选部分

### 3. 设计文字

（1）选择文字工具，输入拼音“JIN JU TANG GAO”，参数设置如图 2-1-30 所示。

（2）选择文字工具，输入“金橘糖膏”，字体设置为“方正姚体”，字与字之间空一格，用钢笔工具画出竖线，文字参数设置及效果如图 2-1-31 所示。

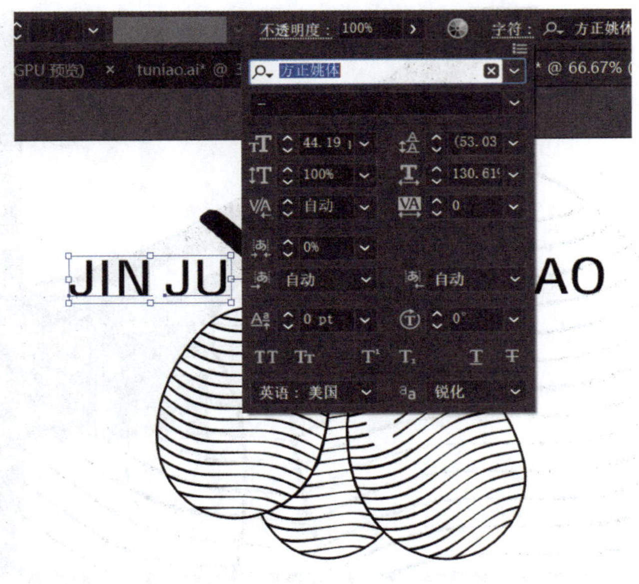


图 2–1–30　输入拼音“JIN JU TANG GAO”

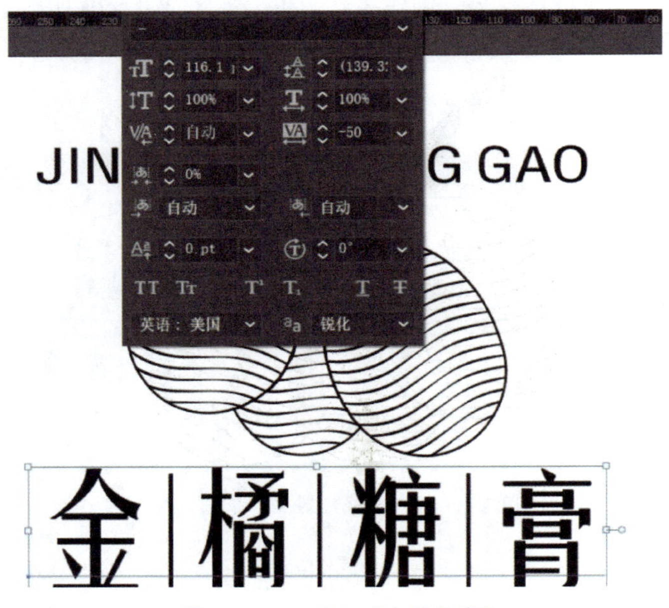


图 2–1–31　输入“金橘糖膏”

**实训 2：采用字体创意手法制作经营咖啡产品的网店的店标**

本店标是一款采用字体创意手法设计的店标，要对网店名称的首字母 C 进行字体变形和色块叠加处理，以形成别具一格的视觉效果。字体采用非衬线字体，简洁明了，如图 2–1–32 所示。

图 2-1-32 经营咖啡产品的网店的店标最终效果图

### 1. 制作图形主体

（1）新建一个画布，尺寸为 600 像素 ×300 像素，其余参数保持默认设置。

（2）绘制三个椭圆圆形，如图 2-1-33 所示。

（3）用形状生成器合并图形，然后把多余的部分删除，如图 2-1-34 所示。

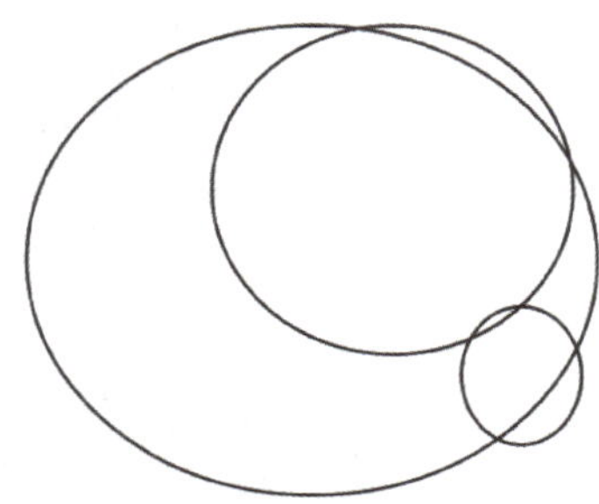

图 2-1-33 绘制三个椭圆图形

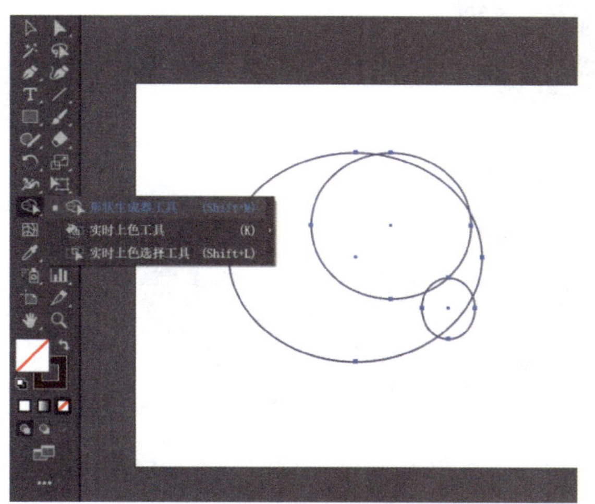


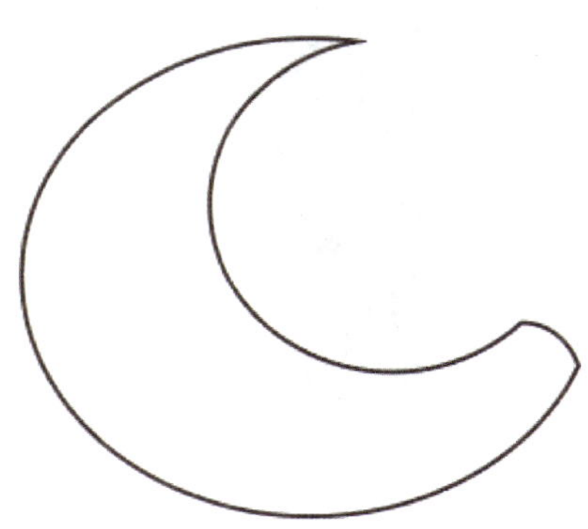

图 2-1-34 用形状生成器合并图形

（4）用直接选择工具调整图形，如图 2-1-35 所示。

（5）用红色填充图形，如图 2-1-36 所示。

（6）复制图形，并将它们叠在一起，用直接选择工具做拉伸调整，如图 2-1-37 所示。

（7）为复制后的图形填充颜色（黄色），如图 2-1-38 所示。

（8）再次复制图形，并叠加在之前的图形上，用直接选择工具进行调整，如图 2-1-39 所示。

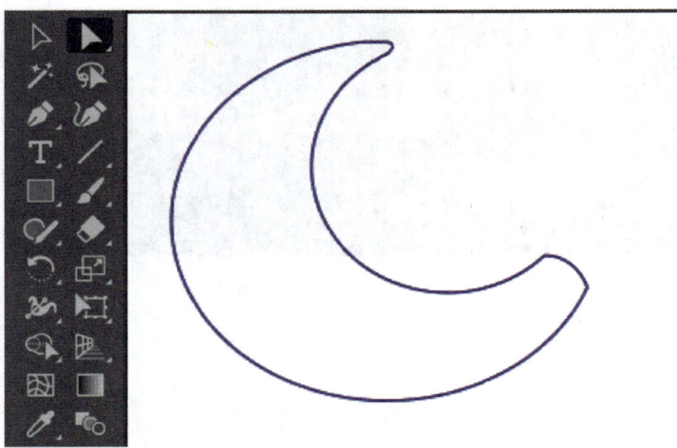

图 2-1-35　用直接选择工具调整图形

图 2-1-36　用红色填充图形

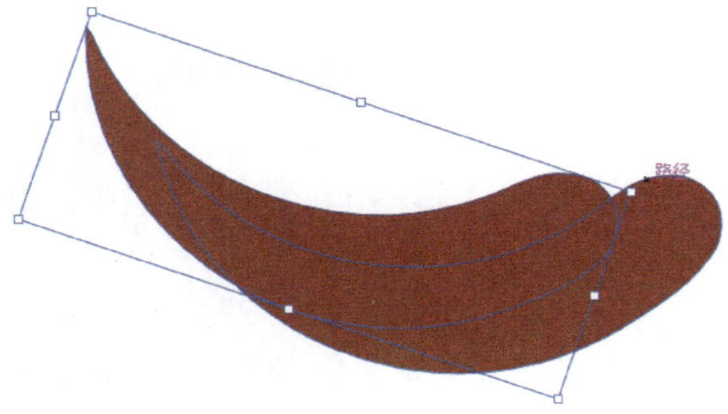


图 2-1-37　复制并叠加图形

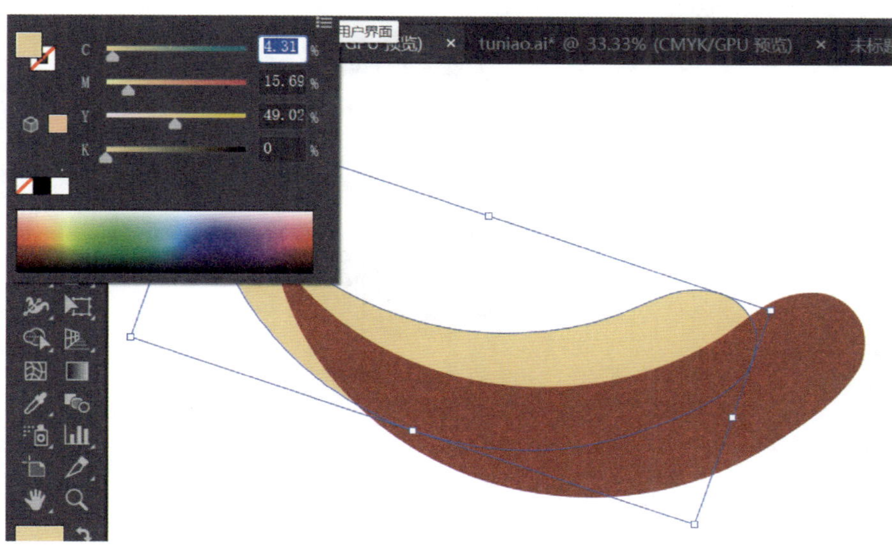


图 2-1-38　为复制后的图形填充颜色

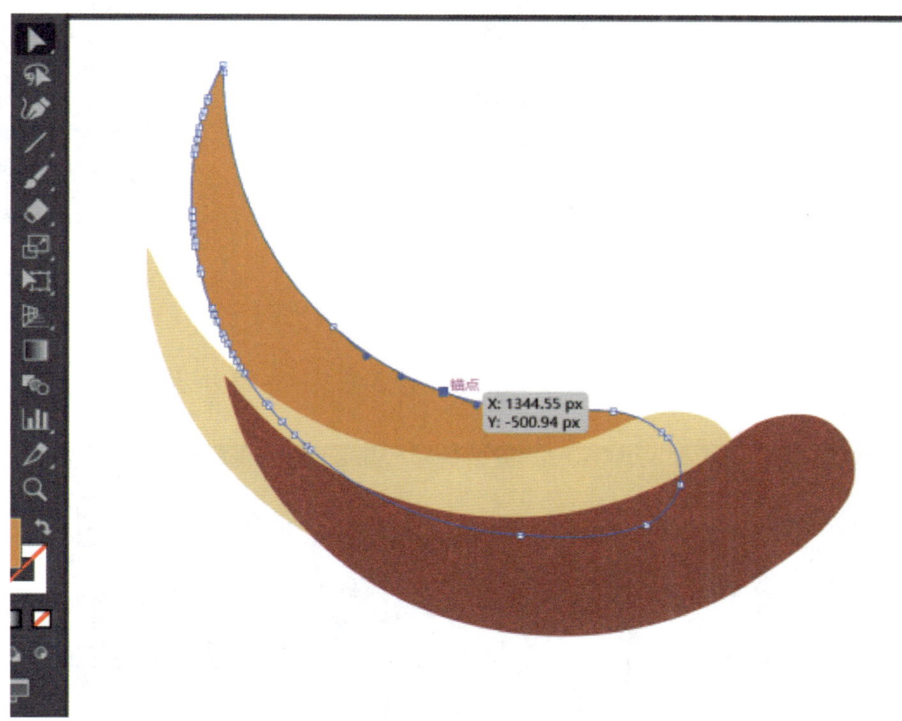


图 2-1-39　再次复制图形

（9）重复以上操作，再次复制图形，填充不同的颜色，字母 C 的最终效果如图 2-1-40 所示。

图 2-1-40　字母 C 的最终效果图

## 2. 设计文字

选择文字工具，输入英文单词“cocoa”“coffee”，参数设置如图 2-1-41 所示。

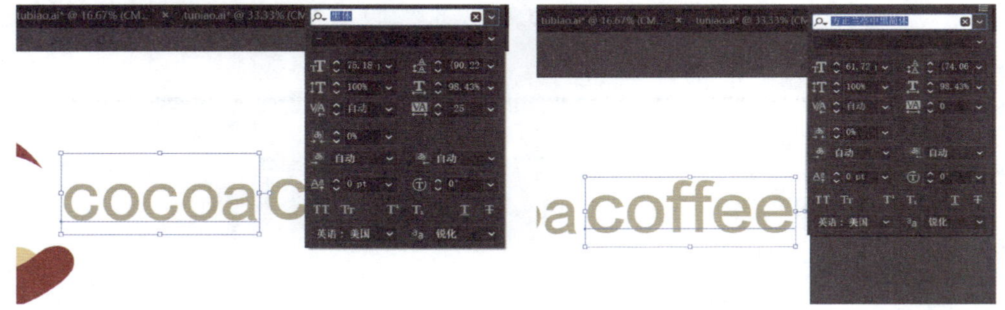

图 2-1-41　参数设置

## 3. 填充背景

（1）用矩形工具框出图形，并填充棕黑色，如图 2-1-42 所示。

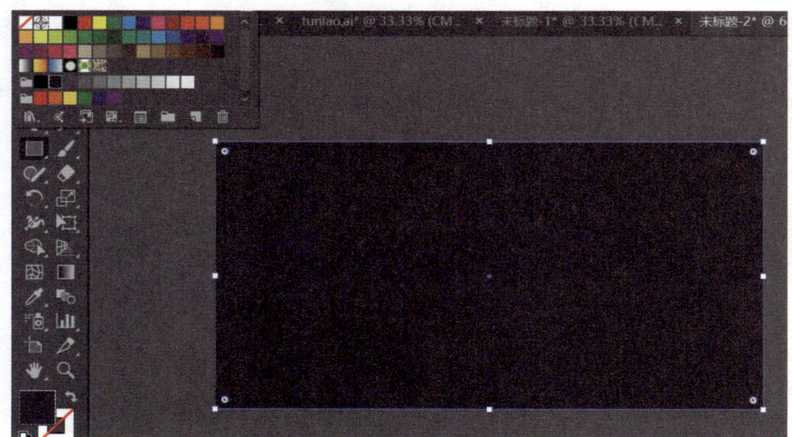
图 2-1-42　用矩形工具框出图形

（2）选中矩形，单击鼠标右键，执行“排列—置于底层”命令，如图 2-1-43 所示。

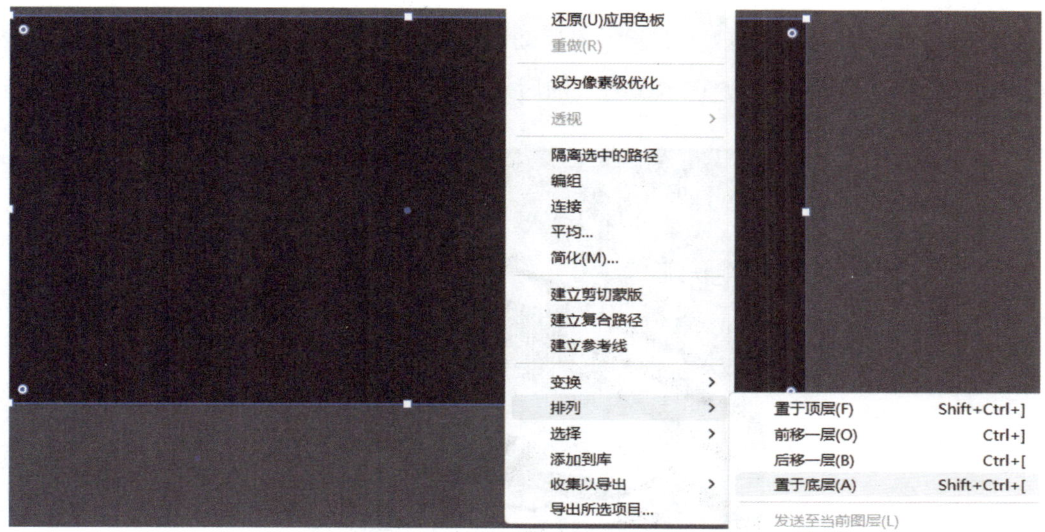


图 2-1-43　选中矩形

## 任务评价

请根据表 2-1-1 对本次学习任务完成情况进行评价。

表 2-1-1　学习任务完成情况评价表

| 学习任务 | 店标设计 | | |
|---|---|---|---|
| 项目 | 评价内容 | 配分 | 得分 |
| 知识技能 | 店标的分类 | 10 分 | |
| | 店标设计内容 | 20 分 | |
| | 店标设计方法 | 20 分 | |
| | 店标设计原则 | 25 分 | |
| | 店标的作用 | 10 分 | |
| 素养 | 按规范执行任务、遵守工作制度的职业素养 | 5 分 | |
| | 严谨、细致的工作态度和团队合作意识 | 5 分 | |
| | 认真工作、刻苦钻研、守正创新等职业意识 | 5 分 | |
| 合计 | | 100 分 | |
| 任务评价 | | | |

## 拓展训练

"How cute"童鞋旗舰店主营休闲运动鞋，图 2-1-44 所示为网店销售的一款产品的拍摄图，请利用产品的拍摄图为该网店设计静态店标。

图 2-1-44　产品的拍摄图

思考与练习

1. 常见的店标有哪几种类型?
2. 店标设计的内容有哪些?

# 学习任务 2　店招设计

## 学习目标

### 知识目标

1. 了解店招的概念和作用

2. 熟悉店招的分类
3. 掌握店招的设计原则

● 技能目标

1. 能熟知店招设计的具体内容
2. 能根据网店主题设计店招

## 一、店招概述

店招，即网店的招牌，它位于网店首页最显眼的位置，是消费者在浏览网店时最先映入眼帘的重要信息。店招通常涵盖网店的名称、店标、主营业务简介、网店信誉评级以及网店提供的服务项目等诸多内容。作为吸引消费者的重要因素之一，店招不仅能展示网店的独特风格和定位，还能帮助网店树立和巩固其在消费者心中的美好形象。

### 1. 店招的分类

（1）标准型店招——店标 + 网店名称 + 主营业务类型。标准型店招应内容全面、完整，将店标、网店名称、主营业务类型等全部展示出来。如图 2–2–1 所示，该店招包含网店名称、店标和主营业务类型等内容。

图 2–2–1　标准型店招

（2）普通型店招——网店名称 + 商品关键词。对于网店来说，店招最主要的功能是树立网店形象、传递网店有关信息、吸引消费者并引导其购买商品。在设计店招时，可以直接将网店商品的关键词写在店招上，这样消费者在看到店招时，就能立刻知道网店经营的主要商品。图 2–2–2 所示为红豆男装网店的店招，该店招上网店经营的主要商品的关键词用红色背景衬托，非常醒目，消费者进入网店后马上就能知道该网店的主营商品。

（3）营销型店招——品牌推广信息 + 促销内容。有些网店会经常举办促销活动，如春季上新活动、换季清仓活动、满即送活动、包邮活动等各种促销活动。消费者不

图 2-2-2　红豆男装网店的店招

论是通过活动入口进入网店，还是通过自然搜索进入网店，都会看到店招的内容。因此，在举办促销活动时，有必要将促销活动的关键信息展示在店招上，这样做不仅方便了消费者快速获取信息，还可以吸引消费者点击阅读活动详情。图 2-2-3 所示为经营饰品的网店在举办促销活动时使用的店招，店招清晰地展示了活动规则和活动时间，可以第一时间引起消费者注意，极大地提高了活动商品的点击率。

图 2-2-3　经营饰品网店的店招

## 2. 店招的作用

首先，店招是展示网店形象的重要窗口。正如人们对一个人的初印象往往取决于其外貌和衣着一样，消费者对于网店的直观感受也深受店招的影响。在网店云集、竞争激烈的电商平台中，网店若想吸引消费者的目光，进而赢得更多的消费者的青睐，一个醒目而独特的店招至关重要。在当前网络经济迅猛发展的背景下，当消费者无法判断商品质量和不了解企业服务水平时，店招便以其直观、鲜明的特点，初步勾勒出企业和网店的形象，为消费者提供第一手的感知信息。图 2-2-4 所示为经营化妆品网店的店招，该店招展示了该品牌的明星产品。

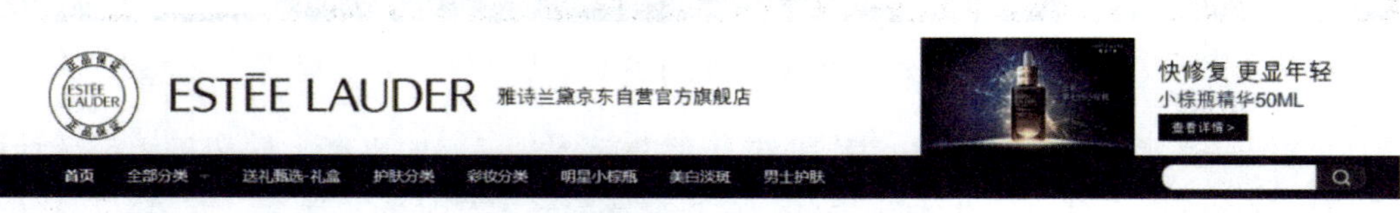


图 2-2-4　经营化妆品网店的店招

其次，店招作为网店的重要标识，能够展示网店的名称以及网店的主营业务方向。一般来说，店招要涵盖网店名称和主营业务内容这两个核心要素，并要通过合理且恰当的方式呈现出来，以更迅速、更有效地吸引消费者的注意力。这样的设计有助于赢得消费者的好感，并最终促使他们进行消费。以经营饮食类商品的网店为例，它们通常会在店招上清晰地标明本店所经营的主要食品种类，以便让消费者一目了然；而经营服装类商品的网店则会在店招上明确标明本店的主营服装类型和品牌，从而帮助消费者迅速判断该网店的商品是否与自己的需求相符。店招不仅是消费者了解网店的便捷途径，更是他们在选择网店时的重要考量因素。通过精心设计的店招，网店能够在激烈的市场竞争中脱颖而出，赢得消费者的青睐。如图 2-2-5 所示，李宁儿童自营旗舰店的店招显示该网店以销售跑鞋、篮球鞋、运动服饰为主营业务。

图 2-2-5　店招展示主营业务

再次，店招在吸引并留住消费者方面扮演着至关重要的角色。一个出色的店招不仅能向消费者清晰地展示网店所提供的商品或服务，还能在纷繁复杂的网络环境中迅速吸引消费者的注意力，引导他们进入并浏览网店。以一家经营零食的网店为例，当消费者在寻找销售零食的网店时，他们往往会先搜索相关的关键词，如“零食店”。因此，经营零食的网店的店招通常会包含“零食店”这样的关键词，以便消费者能够轻松地找到它们。在消费者进行网络购物的过程中，店招中的关键词起着导航的作用，它们能帮助消费者迅速定位到网店，并引导他们直接进入网店进行选购。因此，一个设计巧妙、信息明确的店招对于提升网店的可见性和吸引力具有不可估量的价值。如图 2-2-6 所示，该店招不仅在店招中心位置标明了“双十一”活动信息，整个店招的布局和色彩搭配也非常醒目。

图 2-2-6　展示“双十一”活动的店招

最后，网店为了吸引更多的消费者，通常会精心挑选一款或多款热销产品，将其打造成为网店的爆款，而店招无疑就是这些爆款产品最好的宣传阵地。通过精心设计的店招，网店能够迅速抓住消费者的目光，引导他们了解和购买爆款产品，从而实现销售业绩的提升和品牌的推广，如图 2-2-7 所示。因此，店招的重要性不言而喻，它是网店成功经营的关键要素之一。例如，一些经营土特产的特色网店，都会将当地最著名的特色产品的图片放在店招上，以突出自身的特点，第一时间吸引消费者。

图 2-2-7　展示爆款产品的店招

## 二、店招设计内容

网店的页头由店招和导航条 2 部分组成，页头图片的尺寸一般为 950 像素 ×150 像素。店招图片的尺寸通常为 950 像素 ×120 像素，因此导航条图片的尺寸通常为 950 像素 ×30 像素。

店招图片的尺寸不能超过页头图片的尺寸，当店招填满页头时，导航条将被挤掉。此时导航条就需要另外设计，一般摆放在页头下方 950 区中的“自定义区”。

店招也可以不放在页头的位置。店招长度最大可以等于全屏长度，即尺寸为 1 920 像素 ×200 像素，但其核心内容如网店名称、联系方式等必须放在画面中央。店招图片的格式一般为 JPEG 或 GIF。图 2-2-8 所示为淘宝网店首页各个模块大小及位置。

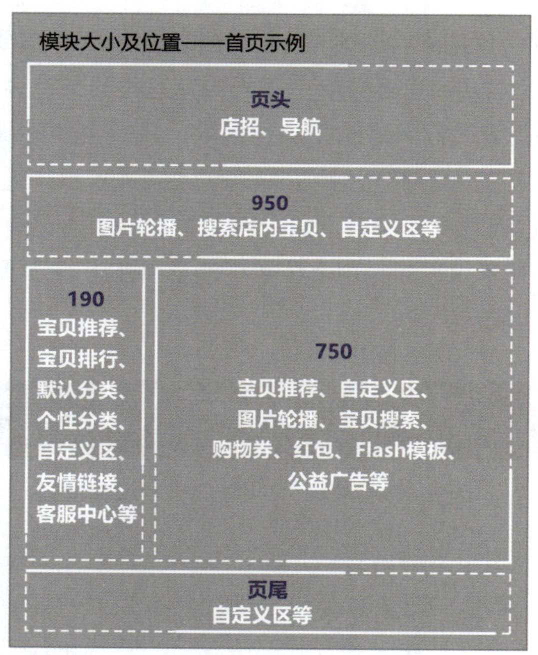


图 2-2-8　淘宝网店首页各个模块大小及位置

网店店招的设计元素有店标与网店名称、主营产品的宣传图、字体、背景及色彩等。

### 1. 店标与网店名称

店标在消费者了解网店品牌形象和品牌文化中扮演着至关重要的角色。作为最直观的元素，它与网店名称相辅相成，共同构成网店独特的视觉标识。店标通常会被精心放置在店招中最引人注目的位置——左上角，以确保消费者在进入网店的第一时间就能迅速捕捉到这一重要信息。通过这种巧妙的设计布局，网店不仅能够在激烈的市场竞争中脱颖而出，还能够持久地巩固品牌在消费者心中的印象，从而有效提升网店的知名度。如图 2-2-9 所示，该网店的店标与网店名称放置在了店招的左上角。

图 2-2-9　店标和网店名称放置在店招的左上角

## 2. 主营产品

将精心选取的网店主营产品的宣传图放置于店招的核心区域，重点突出，宣传效果好，如图 2-2-10 所示。这样的布局能够直观地展现网店的有关信息与独特魅力，能有效地吸引消费者，进一步激发他们的购买欲望。

在选择图片时，要注意它是否与网店的定位和主题相符，同时要保证图片的清晰度和质量。店招切忌花里胡哨或者使用过多的图片来设计，一方面图片太多太乱会影响主营产品的展示效果，另一方面图片太多会影响页面打开的速度。

图 2-2-10　主营产品宣传图放置于店招的核心区域

## 3. 字体

店招设计中文字内容的设计同样至关重要。服务口号及主营产品名称的呈现，既可以采用字库字体，也可以采用创意字体。文字的排版对于店招的可读性和整体美感有着直接影响。在设计过程中，应确保文字简洁清晰、易于辨认，同时，文字的大小和间距也需精心调整，避免过于拥挤或过于稀疏。此外，应根据不同的网店类型，选择与其相匹配的风格。例如，经营零食的网店的店招可以选择活泼可爱的字体来增添轻松愉快的氛围，而经营书籍的网店的店招则可以选择文艺风格的字体，以体现其深厚的文化底蕴。设计合理的字体有助于展现网店风格，使店招更加吸引人。

如图 2-2-11 所示，费列罗海外京东自营旗舰店店招采用了有圆润的线条和柔和的曲线的字体，没有其他过多的装饰，与费列罗巧克力给人的口感和味道相呼应，展现出品牌独特的产品特性。此外，字体简洁、优雅的风格与费列罗巧克力品牌的高品质和精致感相符，使消费者更容易产生品牌认同感和信任感。

图 2–2–11　费列罗海外京东自营旗舰店店招

在店招设计中，文字字体的选择多种多样，需根据网店的独特风格与定位来决定文字字体。黑体字横平竖直、清晰明了，是店招设计中最常用的字体。对于需要重点突出的内容，可采用粗黑体，粗黑体粗犷醒目，可有效地吸引消费者的注意力。主要内容通常选用普通的黑体字来呈现，以确保信息的清晰易读。此外，微软雅黑等字体网页显示效果好，也常被用于网店店招的设计之中。通过对这些字体的巧妙运用，店招能够更好地传递网店的核心信息，吸引并引导消费者深入探索。各类黑体字的常规用途见表 2–2–1。

表 2–2–1　各类黑体字的常规用途

| 字形 | 名称 | 常规用途 |
| --- | --- | --- |
| 普通黑体字 | 汉仪大黑简体 | 标题、广告语 |
| | 方正粗黑简体 | |
| | 汉仪力量黑简 | |
| | 微软雅黑 | 正文、小标 |
| | 普通黑体 | |

#### 4. 背景及色彩

背景是店招设计中非常重要的设计元素，它不仅要能够凸显主题，更要能发挥衬托作用，使得整个店招设计更加和谐统一。色彩作为视觉传达的重要媒介，在店招设计中尤为重要。不同的色彩能够传递出不同的情感和信息，例如，鲜艳的红色与蓝色常被运动品牌所采用，以传递出活力四射、动感十足的品牌形象；而高档时装品牌则更倾向于选用简约大气的黑色与白色，以彰显品牌的高贵与典雅。在进行色彩选择时，必须充分考虑品牌的定位、目标消费者的审美偏好以及网店所处的市场环境等因素，确保色彩与品牌形象的高度契合，从而吸引并留住潜在消费者。如图 2–2–12 所示，该店招选用了蓝色为背景色，给人以稳定感，是经营科技和电子产品的网店店招常用的颜色之一。

图 2–2–12　以蓝色为背景色的店招

店招作为网店宣传产品的重要载体，其重要性不言而喻。在设计制作店招过程中，必须注重合理运用各种设计元素，包括合理地对文字进行排版、协调地搭配色彩、恰当地使用图案图像，以及别出心裁地使用创意元素等，以打造出独特而引人注目的店招，从而为网店吸引更多的流量，进而提升销售业绩。此外，创意在店招设计中扮演着举足轻重的角色。一个充满创意的店招不仅能迅速抓住消费者的眼球，更能引起他们的兴趣，使他们产生共鸣。在运用创意元素时，需要深入了解网店自身的特色以及目标消费者的需求，确保创意元素与网店形象相契合，能够给消费者带来独特而难忘的购物体验。综上所述，在店招设计时，要通过巧妙地运用各种设计元素，打造出既美观又实用的店招，从而为网店的发展注入强大动力。如图 2-2-13 所示，该店招根据目标消费者特征和品牌形象设计，个性化的 IP 形象迎合了目标消费者的喜好，配色鲜明，版式设计独特。

图 2-2-13　采用个性化 IP 形象的店招

## 三、店招设计原则

### 1. 网店名称要醒目

店招是网店的招牌，所以店招上一定要标明网店名称，同时展现主营产品特点，凸显品牌特性，让消费者在浏览时很容易清楚知道该网店的主营业务。如图 2-2-14 所示，该店招色彩鲜明，字体简洁大方，能起到很好的品牌宣传、产品推广作用。

图 2-2-14　色彩鲜明的店招

### 2. 重视店招的左上角

网店店招的视觉重点不宜过多，以免分散消费者的注意力。设计时应充分考虑网店当前的运营情况，若当前正处于促销活动举办时期，则应突出显示促销活动信息，以吸引消费者。一般来说，人们的视线在浏览网页时会最先聚焦于左上角，因此，店招中的重要信息应优先放置在这一区域，以确保重要信息能迅速有效地传达给消费者。如图 2-2-15 所示，网店将最重要的网店名称放在店招左上角，使消费者进入网店后第一时间就能关注到。

图 2-2-15　将网店名称放在店招左上角

### 3. 店招画面应清爽简洁

颜色搭配过于复杂、字体样式和版式设计花哨的店招，往往会被消费者误以为是广告。实际上，当面对这种视觉上的混乱时，消费者很难从中筛选出有用的信息。因此，为了确保重要信息不被忽略，应该保持店招画面的清爽简洁，切忌使用过于华丽和浮夸的设计元素。只有这样，才能让消费者更轻松地识别并获取他们所需要的信息。如图 2-2-16 所示，百事可乐品牌店招沿用了品牌主色调，简洁、清晰，具有可识别性。

图 2-2-16　简洁、清晰的店招

### 实训 1：为农夫山泉京东自营旗舰店制作标准型店招图

本次实训中，农夫山泉京东自营旗舰店的店招是典型的标准型店招图，该店招包含了网店店标、网店名称、品牌宣传语、主营业务类型等内容。网店店标、网店名称放置在正中央，让消费者第一时间就能看到。品牌宣传语等的字体设计简洁清晰，使文字内容的可读性增强。店招颜色采用了农夫山泉的标准色红色，非常醒目，如图 2-2-17 所示。

图 2-2-17　农夫山泉京东自营旗舰店店招

（1）新建一个画布，尺寸为 1 920 像素 ×200 像素，其余参数保持默认设置，如图 2-2-18 所示。

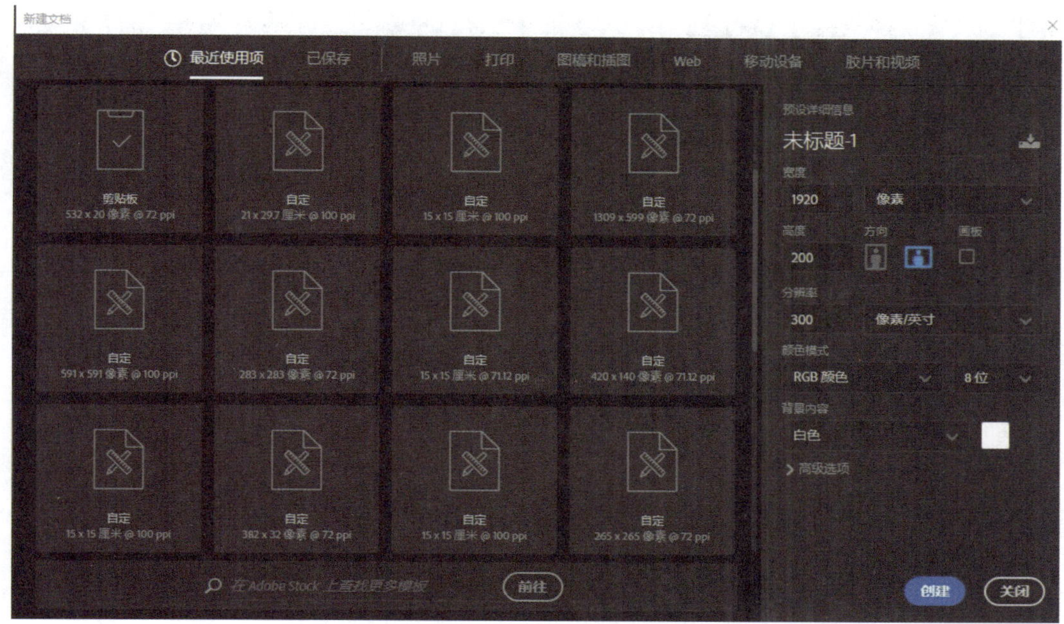


图 2-2-18　新建一个画布

（2）用矩形选框工具在下方绘制长方形，颜色设置为“f40000”，如图 2-2-19 所示。

图 2-2-19　用矩形选框工具在下方绘制长方形

（3）导入“项目二—学习任务 2 实训 1—素材 1”店标素材图并将其放置在画布中间，如图 2-2-20 所示。

农夫山泉
NONGFU SPRING

图 2-2-20　导入店标素材图

（4）选择文字工具，输入文字“农夫山泉京东自营旗舰店”，颜色设置为“000000”，如图 2-2-21 所示。

（5）导入“项目二—学习任务 2 实训 1—素材 2”品牌宣传语图片素材，并放置在画布左侧，如图 2-2-22 所示。

图 2-2-21　输入文字“农夫山泉京东自营旗舰店”

图 2-2-22　导入品牌宣传语图片素材

（6）导入“项目二—学习任务 2 实训 1—素材 3”农夫山泉瓶子图片素材并放置在画布右侧，如图 2-2-23 所示。

图 2-2-23　导入农夫山泉瓶子图片素材

（7）选择文字工具，输入产品宣传语“饮用天然水适合婴幼儿”，颜色设置为“000000”，如图 2-2-24 所示。

（8）用矩形选框工具在产品宣传语下方绘制长方形，颜色设置为“f40000”，如图 2-2-25 所示。

（9）选择文字工具，输入文字“立即抢购 >”，颜色设置为“ffffff”，如图 2-2-26 所示。

图 2-2-24 输入产品宣传语“饮用天然水适合婴幼儿”

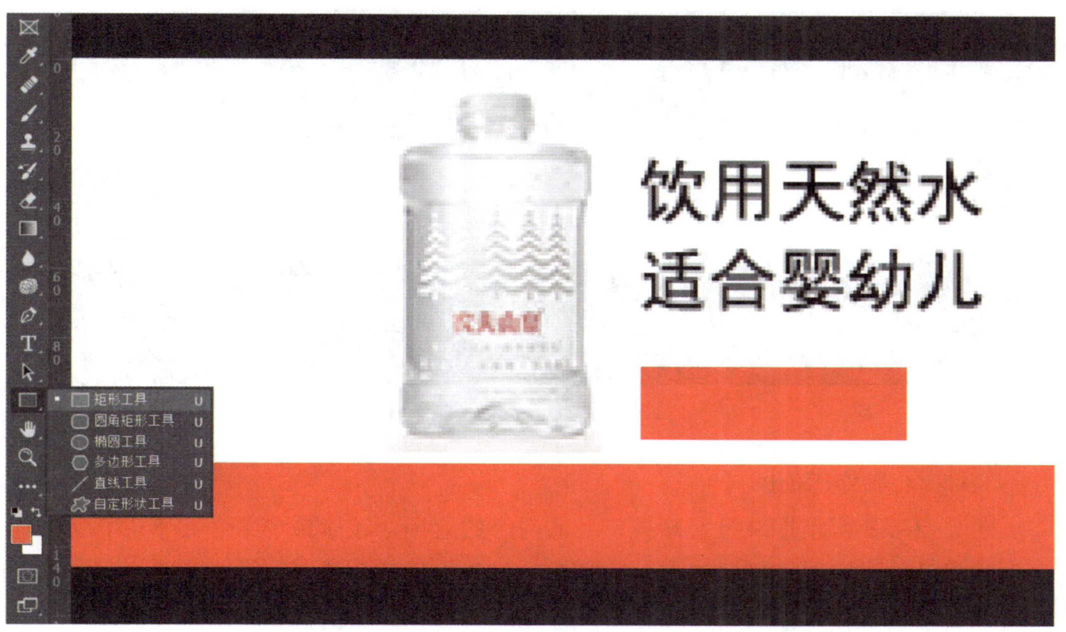


图 2-2-25 用矩形选框工具在产品宣传语下方绘制长方形

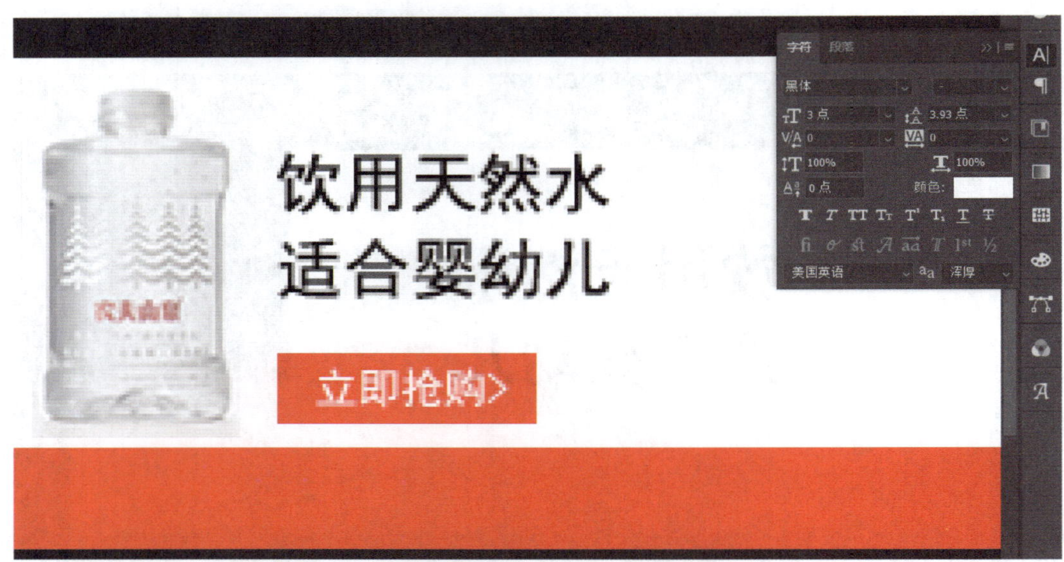


图 2-2-26　输入文字“立即抢购 >”

（10）选择文字工具，输入导航条上的文字“首页”“所有产品”“天然水”“茶饮类”“果汁类”“功能类”“苏打类”“咖啡类”，颜色设置为“ffffff”，如图 2-2-27 所示。

图 2-2-27　输入导航条上的文字

### 实训 2：制作店招图

图 2-2-28 所示是某经营家具产品的网店的店招，该店招中包含如下内容：网店名称、产品效果图、背景图案等。网店名称位于店招的左上角，非常醒目，让人第一眼就能注意到。店招上的文字横平竖直，干净利落，与网店风格相符。店招主色调与背景图案色调相契合，非常协调，给人以绿色环保的清爽感。

图 2-2-28 某经营家具产品的网店的店招

（1）新建一个画布，尺寸为 1 920 像素 ×200 像素，其余参数保持默认设置。

（2）打开“渐变编辑器”对话框，设置渐变色，左边颜色设置为“e1f8f0”，中间颜色设置为“ffffff”，右边颜色设置为“e1f8f0”。选择径向渐变，在画布中间进行拖动，如图 2-2-29 所示。

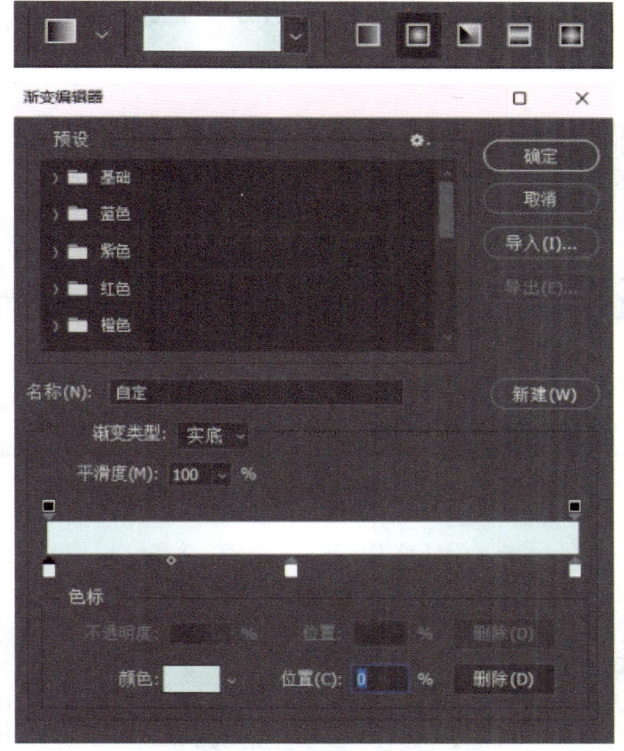


图 2-2-29 设置渐变色

（3）用矩形选框工具在下方绘制长方形色带，颜色设置为“8cd5c2”，如图 2-2-30 所示。

图 2-2-30 绘制长方形色带

（4）导入“项目二—学习任务 2 实训 2—素材 1”“项目二—学习任务 2 实训 2—素材 2”背景图案素材并调整素材位置，将它们分别放置在店招两侧，如图 2-2-31 所示。

图 2-2-31 导入背景图案素材

（5）选择文字工具，输入店招导航条上的文字“所有产品”“首页有惊喜”“餐桌”“椅子”“衣柜”“沙发”“电视柜”“厨房用品”“品牌故事”，并将文字加粗，参数设置如图 2-2-32 所示。

图 2-2-32 输入店招导航条上的文字

（6）选择文字工具，输入网店名称“LOGO 官方旗舰店”，如图 2-2-33 所示。

图 2-2-33 输入网店名称

（7）用圆角矩形工具画出圆角矩形，颜色设置为“cbb47f”，如图 2-2-34 所示。

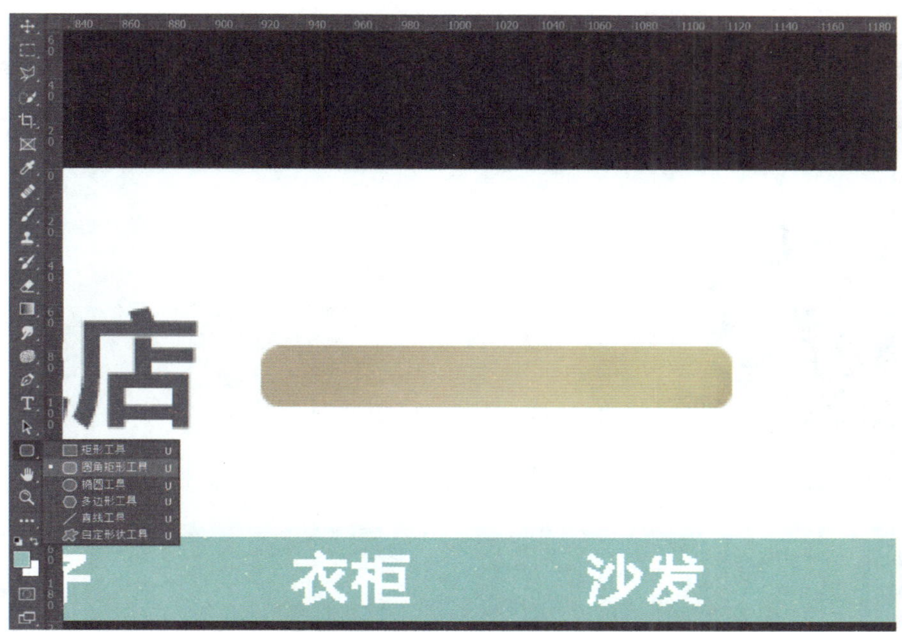

图 2-2-34　用圆角矩形工具画出圆角矩形

（8）选择文字工具，输入优惠信息“收藏送 20 元优惠券”，颜色设置为“ffffff”，并将其放置在圆角矩形上层，如图 2-2-35 所示。

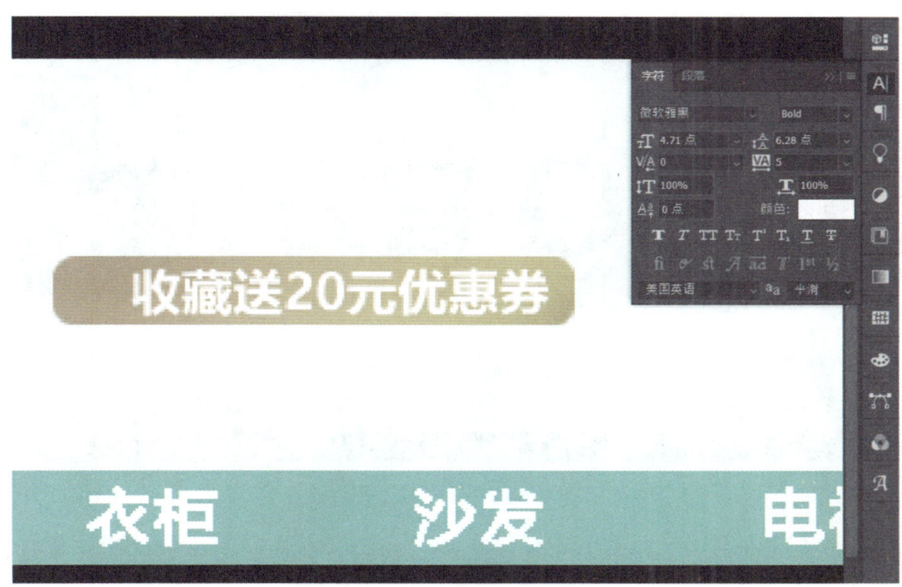

图 2-2-35　输入优惠信息

（9）用钢笔工具绘制爱心，并将其放置在圆角矩形上层、优惠信息左侧，如图 2–2–36 所示。

图 2–2–36　用钢笔工具绘制爱心

（10）选择文字工具，输入宣传语 “Olivia has always been a model of healthy living.”，颜色设置为 “54575a”，如图 2–2–37 所示。

图 2–2–37　输入宣传语

（11）导入 “项目二—学习任务 2 实训 2—素材 3” 椅子图片素材，并将其放置在圆角矩形右侧，调整其位置，店招制作完成。

## 任务评价

请根据表 2-2-2 对本次学习任务完成情况进行评价。

表 2-2-2　学习任务完成情况评价表

| 学习任务 | 店招设计 | | |
|---|---|---|---|
| 项目 | 评价内容 | 配分 | 得分 |
| 知识技能 | 店招的概念和分类 | 20 分 | |
| | 店招设计的原则 | 20 分 | |
| | 店招设计的内容 | 35 分 | |
| | 店招的作用 | 10 分 | |
| 素养 | 按规范执行任务、遵守工作制度的职业素养 | 5 分 | |
| | 严谨、细致的工作态度和团队合作意识 | 5 分 | |
| | 认真工作、刻苦钻研、守正创新等职业意识 | 5 分 | |
| 合计 | | 100 分 | |
| 任务评价 | | | |

## 拓展训练

光明乳业在“双十一”期间开展线上促销活动，请以“光明鲜奶双十一特大优惠来了！”为大标题制作一个店招。

思考与练习

1. 网店店招一般由哪些元素组成?
2. 店招设计的原则有哪些?

# 学习任务 3　公告栏设计

学习目标

## 知识目标

1. 了解网店公告栏的类型
2. 熟悉网店公告栏的设计内容
3. 掌握网店公告栏的设计方法和原则

## 技能目标

1. 能合理使用不同类型的版式设计公告栏
2. 能根据公告栏的设计内容自行设计公告栏

相关知识

公告栏用于张贴公文、告示、启示等，网店公告栏则起到向消费者展示网店重要信息的作用。

## 一、公告栏概述

网店公告栏一般用于展示网店对重大事件和特惠活动发布的正式公告或者通知。

### 1. 公告栏的分类

（1）简洁型公告栏。简洁型公告栏的文字内容通常包括一句或一段较为简短的公告、网店基本信息或联系方式，非常简单明了。图 2–3–1 所示为某网店的开张公告，该公告栏即属于简洁型公告栏。

（2）消息型公告栏。消息型公告栏主要用于发布网店的促销活动或者产品上新信息，以吸引消费者购买产品为目的。图 2–3–2 所示为消息型公告栏，该公告栏展示了网店的最新动态和促销活动信息。

### 2. 公告栏的组成

公告栏通常包括标题、说明性文字、图片等内容。应根据网店的特点、公告的具体内容设计合适的公告栏，以使公告栏的设计与网店风格相符，同时将重要信息突出显示出来，以便消费者能准确获取信息。

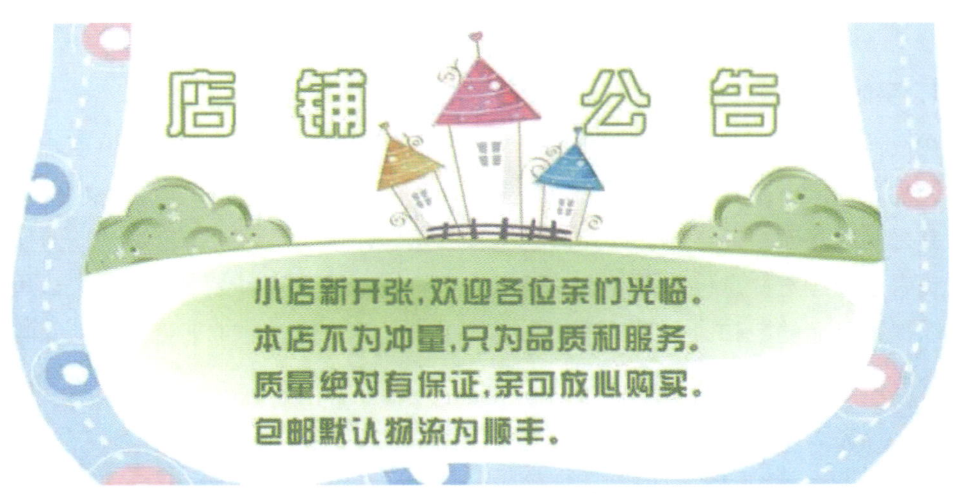


图 2-3-1　简洁型公告栏

图 2-3-2　消息型公告栏

### 3. 公告栏的作用

（1）信息传递：公告栏是展示网店最新动态的关键区域。通过发布滚动的文字信息或公告信息，可以及时、有效地将各类信息传递给消费者，如“新品已到货”“年底大清仓”等，确保消费者实时了解网店动态。

（2）宣传推广：公告栏是宣传推广网店新产品、新优惠政策的绝佳平台。通过精心设计的公告内容，可以吸引更多潜在消费者的关注，提高网店的知名度和曝光率。

（3）提升购物体验：公告栏的设计和内容直接关系到消费者的购物体验。清晰、美观且易于理解的公告栏能够帮助消费者快速获取所需信息，提升购物的便捷性和愉悦感。

（4）塑造品牌形象：通过公告栏的定制化设计和内容展示，可以突出网店的经营特色和风格，塑造独特的品牌形象，增强消费者对网店的信任感和忠诚度。

## 二、公告栏设计内容

### 1. 字体

在设计公告栏之前，需要仔细考虑字体的选择，确保所选字体符合页面需求，文字易读性高，大小适中，且颜色搭配得当。不同的字体适用于不同类型的文本。通常，标题会采用大号无衬线字体，如黑体或微软雅黑等，以与其他内容形成鲜明对比，帮助消费者迅速浏览并定位所需信息。而正文则一般使用小号衬线字体，如宋体或楷体等，以提升页面的亲和力，同时增强文字的可读性，为消费者带来更加舒适的阅读体验。不同字体的常规用途见表 2–3–1。

表 2–3–1　不同字体的常规用途

| 类别 | 字体字形 | 常规用途 |
|---|---|---|
| 无衬线字体 | 微软雅黑 | 标题 |
| | 黑体 | |
| | 汉仪大黑简 | |
| 衬线字体 | 华文楷体 | 正文 |
| | 方正仿宋 | |
| | 方正楷体 | |

在设计公告栏时，应谨慎选择字体并限制使用字体种类。这是因为过多种类的字体会使页面显得混乱无序，从而影响信息的清晰度和条理性。通过精简字体种类可以使页面更加整洁、易读，从而提升消费者的阅读体验。

当然，恰当地运用字体特效也是提升公告栏吸引力的有效手段之一。在公告栏中巧妙地使用一些醒目的特效字体，能够突出重点信息，增强视觉冲击力。同样，在设计时也需要注意特效字体的使用频率，避免过度使用导致页面繁杂，从而降低消费者的阅读体验。因此，在公告栏设计中，平衡好字体种类、特效运用与页面整体美感之间的关系至关重要。如图 2–3–3 所示，该公告栏标题及正文使用了黑体字，画面简洁，易读、易识别，消费者可快速获取信息。

### 2. 色彩

色彩对于公告栏的设计非常重要，它不仅能够提升公告栏的视觉美感，还能够吸引消费者的注意力。然而，过度使用色彩则会导致页面杂乱无章，从而影响信息的清晰传达。因此，在设计过程中，应当限制使用色彩的数量和种类，确保色彩设计与网店整体风格和谐统一。如图 2–3–4 所示，该公告栏使用了同类色系的配色方案，色调和谐统一，浅色的背景搭配深色的文字，提高了文字信息的可读性。

图 2-3-3　标题及正文使用了黑体字的公告栏

图 2-3-4　色调和谐统一的公告栏

### 3. 版式

版式设计在公告栏设计中占据核心地位，其重要性不容忽视。一个布局不合理的公告栏不仅会影响消费者的浏览体验，还可能对网店的整体形象产生负面影响。即便使用相同的素材，不同的设计排版也能带来截然不同的风格。因此，掌握版式设计的技巧至关重要，利用版式设计技巧可以提前确定各元素的位置，以确保公告栏的整体协调性和用户友好性。公告栏常见的版式类型有中心型、中轴型、分割型等。每种类型的版式都有其独特性和适用场景，可根据实际需求灵活运用。

（1）中心型：画面简洁大气，利用视觉中心突出重点内容。中心布局有利于创造视觉焦点，突出主体。这种版式适用于文本内容较少的公告栏，可以尝试在主体清晰时使用。如图 2-3-5 所示，该公告栏将主题文字置于画面中央，突出重点，重要信息一目了然。

（2）中轴型：图片水平或垂直排列，水平排列使画面稳定、平和，垂直排列则给人一种强烈的运动感。中轴型版式以轴对称为核心特点，既可突出中心布局的主体元

图 2-3-5　采用中心型版式设计的公告栏

素，又可有效提升画面的视觉冲击力。中轴型版式适用于文本内容较多的公告栏。如图 2-3-6 所示，该公告栏采用的是垂直式中轴型版式，文本内容按照中轴线对称的方式排列，整个公告栏看起来整齐，富有平衡感。

BUYER READING
良好的合作从这里开始
交易攻略之买家须知

维狐不接受以试稿、竞标、预付款的方式进行交易，维狐设计也需要亲的价值认同，敬请谅解！
尊重维狐的劳动成果，每个人的眼光和审美都有差距，用心沟通，维狐相信会给亲满意的作品！
请务必在设计前将需要设计的内容沟通好，如果设计途中更改设计内容或是名称，将被视为二次设计维狐将收取80%的设计费用，注册商标请先查名再设计！
如果您是同行，大家可以相互交流，但不可以骗稿哦！成为高手都必须有一个过程，好好努力。维狐人也是这样每时每秒不断学习丰富自己一路走过来的！
维狐开始设计后请买家谨慎定稿，在定稿后维狐没有再修改、重新设计的义务，在一个月内可视难度给与免费微度调试，有一定难度的修改要求将收取100-500不等的修改费！

图 2-3-6　采用垂直式中轴型版式设计的公告栏

（3）分割型：将整个公告栏分成两个或两个以上区域，分别安排图片、副本，图片往往更具感染力，副本可以发挥辅助解释的作用。此外，区域的大小也可以反映主次关系，同时也有利于增强图片与其他元素之间的对比效果。分割线在一定程度上有助于引导消费者的视线。如图 2-3-7 所示，该公告栏被分割成左右两个区域，每个区域都有独立的版式，分别放置主题文字和商品信息等，虽然画面被分割，但依旧具有美感和平衡感。

图 2–3–7　采用分割型版式设计的公告栏

#### 4. 尺寸

以淘宝平台为例，公告栏通常可以放置在左侧栏和右侧栏。如放在左侧栏，可以在网店装修中的 190 基础模块区选择“自定义模块”，并将公告栏拖动至左侧相应位置，该模块适合放置小型公告栏，宽度为 190 像素，高度可以为任意大小，但一般在 100～600 像素之间。如放在右侧栏，可以在网店装修中的 750 基础模块区选择“自定义模块”，并将公告栏拖动至右侧相应位置，该模块尺寸相对较大，适合放置大型公告栏，宽度为 750 像素，高度可以为任意大小，但一般在 100～600 像素之间。

### 三、公告栏设计原则

#### 1. 明确性

对于网店而言，发布网店公告的主要目的在于确保消费者能够及时获取网店希望传达的重要信息。因此，公告内容应明确、简洁，并且以易于理解的方式呈现，使消费者能够迅速而准确地把握网店的意图和动态。避免使用含糊不清或模棱两可的语言，应确保信息准确无误。

#### 2. 一致性

公告栏的设计风格应与整个网店风格保持一致，字体、颜色、图标和其他视觉元素等的使用都应与网店风格相符，以确保用户体验的连贯性。

#### 3. 可见性

公告栏应放置在网店页面的醒目位置，确保消费者能够第一眼就看到。同时，公告内容的文字应清晰、易读，以提高可读性。

#### 4. 更新及时性

公告内容应定期更新，以反映网店的最新动态。过时的信息应及时删除或替换，以保持公告栏的活跃度和吸引力。

### 5. 互动性

要尽可能地添加一些互动元素到公告栏中，如链接、按钮或表单等。这将鼓励消费者更多地参与和互动，提高网店的转化率。

### 6. 简洁美观

在保证功能的前提下，公告栏的设计应尽量简洁美观。避免使用过多的装饰元素或复杂的布局结构，以免干扰消费者阅读和理解公告内容。

## 任务实施

**实训 1：制作“情人节”主题网店公告栏**

本公告以“情人节”为主题，采用中心型版式，选择了浪漫唯美的图形元素，字体采用衬线字体，增强了页面的亲和力和可读性；采用玫红色为主色调，温暖浪漫，主题突出，如图 2-3-8 所示。

图 2-3-8 “情人节”主题网店公告栏

### 1. 制作公告栏背景

（1）新建一个画布，尺寸为 950 像素 ×500 像素，其余参数保持默认设置。

（2）导入“项目二—学习任务 3 实训 1—素材 1”背景图片素材，如图 2-3-9 所示。

（3）导入“项目二—学习任务 3 实训 1—素材 2”花瓣装饰图片素材，并将其放置在背景图层上层，如图 2-3-10 所示。

图 2-3-9　导入背景图片素材

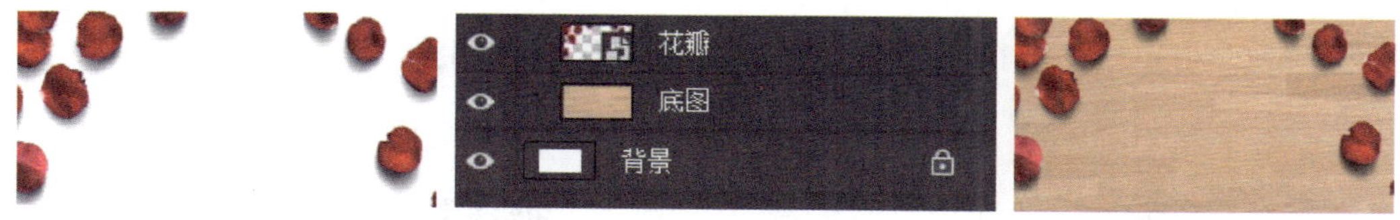


图 2-3-10　导入花瓣装饰图片素材

（4）导入“项目二—学习任务 3 实训 1—素材 3”巧克力装饰图片素材，并将其放置于已有素材图层上层，如图 2-3-11 所示。

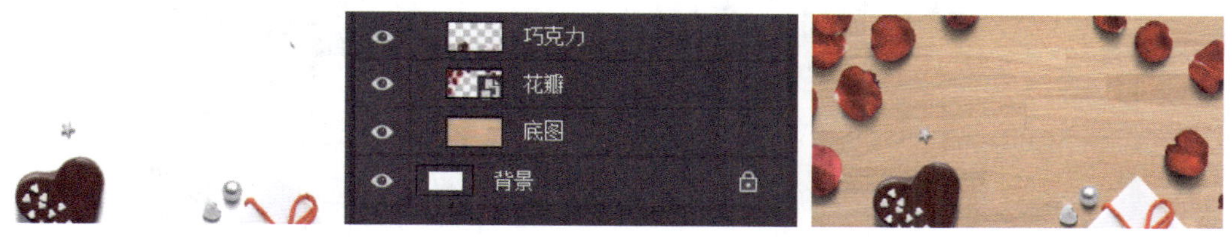


图 2-3-11　导入巧克力装饰图片素材

（5）导入“项目二—学习任务 3 实训 1—素材 4”信封卡片图片素材，将其放置在画布中间并置顶该图层，如图 2-3-12 所示。

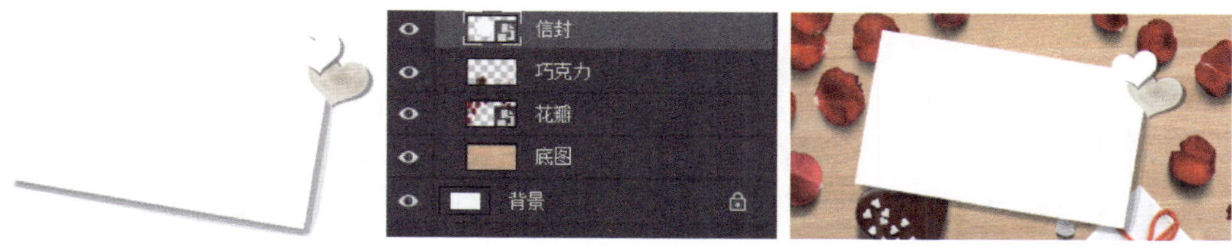


图 2-3-12　导入信封卡片图片素材

（6）导入“项目二—学习任务 3 实训 1—素材 5”蝴蝶结图片素材，将其放置在信封右上角并将该图层置顶，如图 2-3-13 所示。

图 2-3-13　导入蝴蝶结图片素材

**2. 制作公告栏文字**

（1）选择文字工具，输入标题文字“店铺公告”，设置字体为“方正粗雅宋”、颜色为“6b392d”，放置到信封上，并按住 Ctrl+T 组合键调整文字位置，如图 2-3-14 所示。

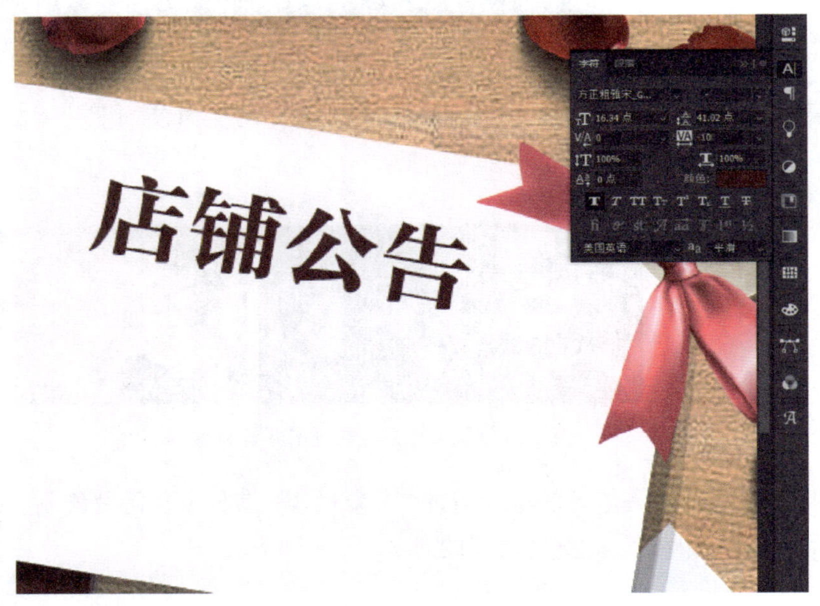

图 2-3-14　输入标题文字

（2）选择文字工具，输入公告内容“七夕情人节本店推出‘浪漫情人节，唯爱一生不变’的活动，将优惠进行到底，让浪漫与你同在。1. 购就送精美包装，方便送礼。2. 满 99 元包邮。”，设置字体为“微软雅黑”、颜色为“6b392d”，并将其放置到“店铺公告”的下方，然后按住 Ctrl+T 组合键调整位置，如图 2-3-15 所示。

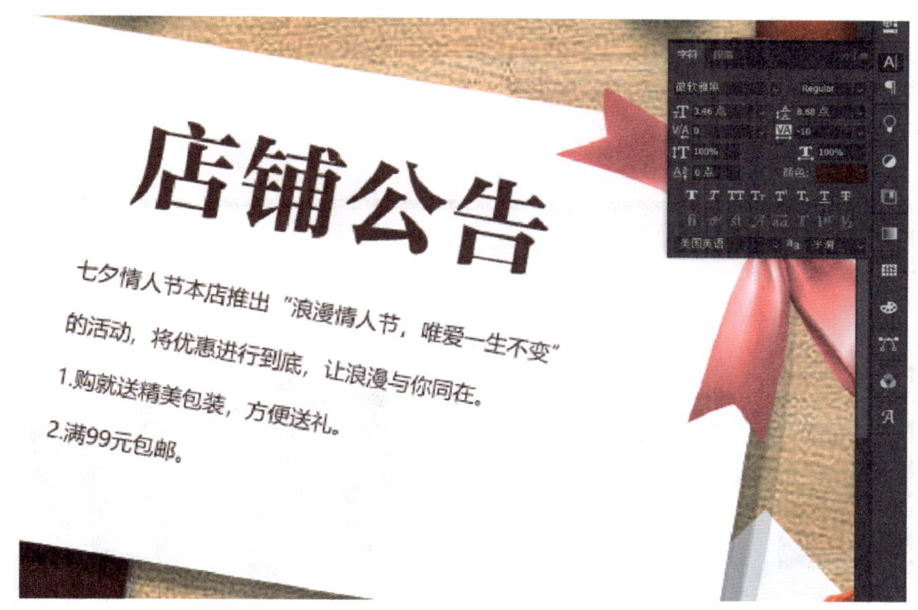


图 2-3-15 输入公告内容

（3）选择文字工具，输入购物保障信息“请放心购买，我们 8 天无理由退货，30 天付邮换新！”，设置字体为“微软雅黑”，颜色为“6b392d”，然后将其放置到公告内容的下方，并按住 Ctrl+T 组合键调整位置，如图 2-3-16 所示。

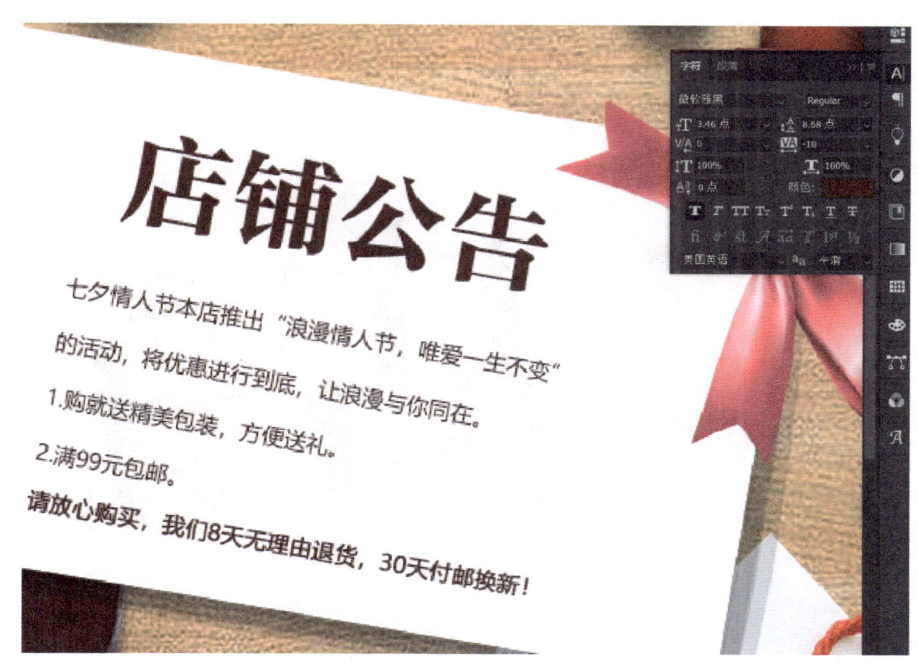


图 2-3-16 输入购物保障信息

### 3. 装饰公告栏图

（1）选择钢笔工具，绘制爱心并填充颜色，颜色设置为“e72842”，放置在“店铺公告”左边，如图 2-3-17 所示。

图 2-3-17　绘制爱心并填充颜色

（2）利用 Ctrl+C、Ctrl+V 组合键，复制粘贴爱心，然后按住 Ctrl+T 组合键，调整爱心位置与大小，如图 2-3-18 所示。

图 2-3-18　复制粘贴爱心

（3）重复以上操作，制作“店铺公告”右边的爱心装饰，如图 2-3-19 所示。

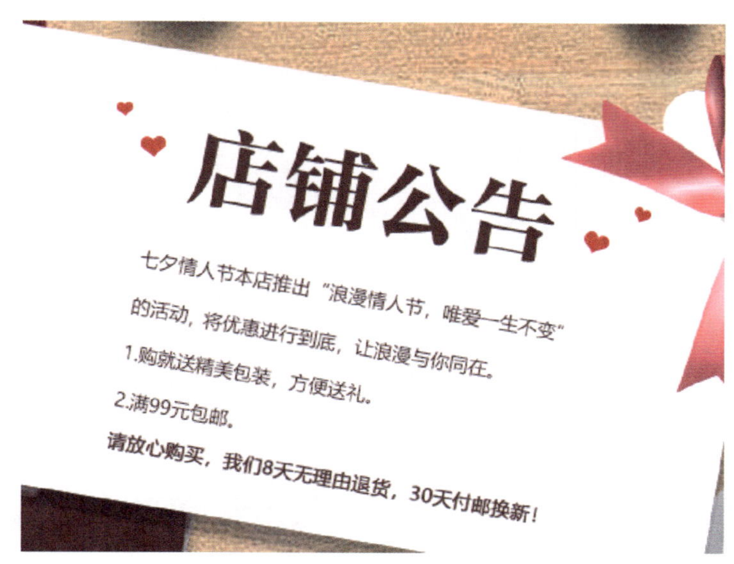


图 2-3-19　制作“店铺公告”右边的爱心装饰

**实训 2：制作采用中轴型版式的网店公告栏**

本公告栏采用中轴型版式，字体为无衬线字体，简洁大方，背景、信封、花瓣等装饰为公告栏增色不少，如图 2-3-20 所示。

图 2-3-20　采用中轴型版式设计的网店公告栏

### 1. 制作公告栏背景

（1）新建一个画布，尺寸为 950 像素 ×500 像素，其余参数保持默认设置。

（2）导入“项目二—学习任务 3 实训 2—素材 1”背景图片素材，如图 2-3-21 所示。

图 2-3-21 导入背景图片素材

（3）导入“项目二—学习任务 3 实训 2—素材 2”信封装饰图片素材，并将其放置在背景图层上层，如图 2-3-22 所示。

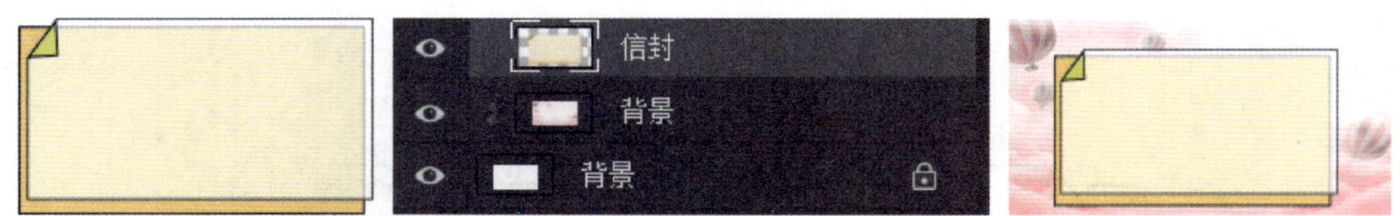


图 2-3-22 导入信封装饰图片素材

（4）导入“项目二—学习任务 3 实训 2—素材 3”花瓣装饰图片素材，并将该图层置顶，如图 2-3-23 所示。

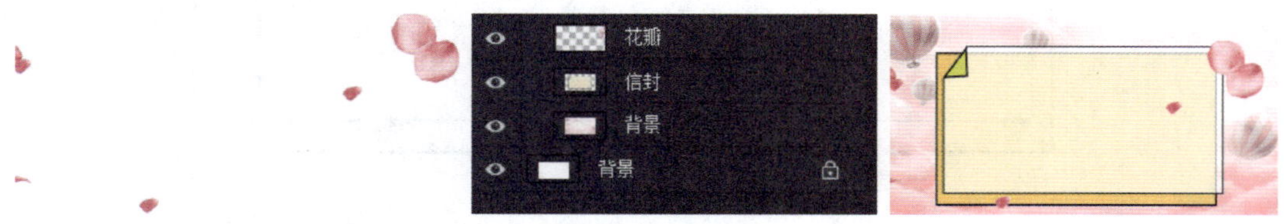


图 2-3-23 导入花瓣装饰图片素材

（5）导入“项目二—学习任务 3 实训 2—素材 4”夹子图片素材，将其放置在信封上边左侧，然后复制一个夹子并将其放置在右边，最后将该图层置顶，如图 2-3-24 所示。

图 2-3-24　导入夹子图片素材

### 2. 制作公告栏文字

（1）选择文字工具，输入标题文字“店铺公告”，设置字体为“优设标题黑”、颜色为“ffffff”，调整文字大小，并将其放置到信封图层的上层，如图 2-3-25 所示。

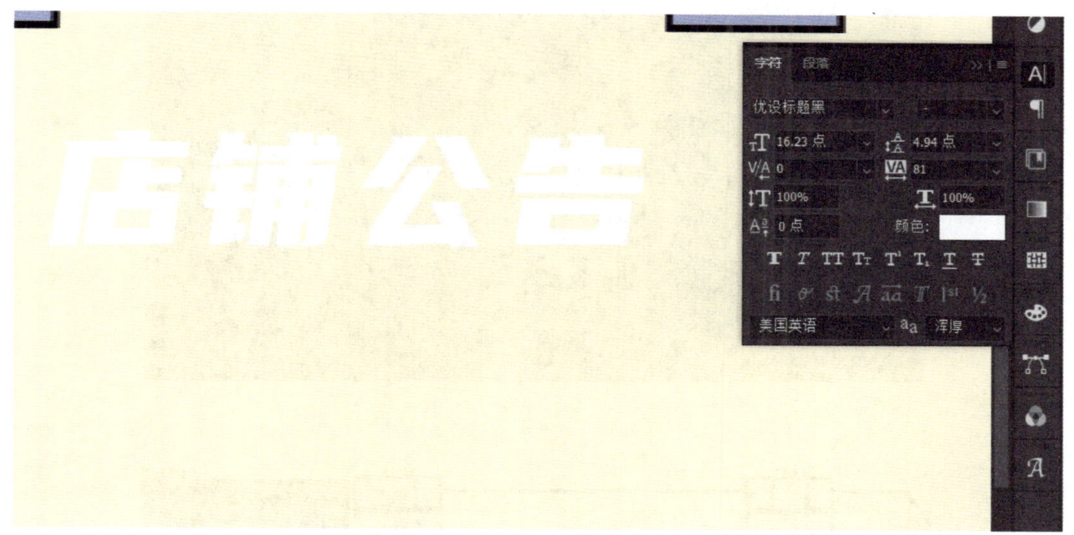


图 2-3-25　输入标题文字“店铺公告”

（2）单击混合选项，设置描边的有关参数，其中颜色设置为“df7722”，如图 2-3-26 所示。

（3）再次单击混合选项中的投影，设置投影颜色为“df7722”，其他参数设置如图 2-3-27 所示。

（4）选择文字工具，输入公告内容“小店新近开业，欢迎各位亲友们光临，本店不为冲量，只为品质和服务。本店东西不多，但却样样精品，质量有保证，售后服务更用心，亲们可以放心购买，包邮，默认申通。”，字体设置为“微软雅黑”，颜色设置为“df7722”，调整字体大小，并将文字放置到“店铺公告”的下方，如图 2-3-28 所示。

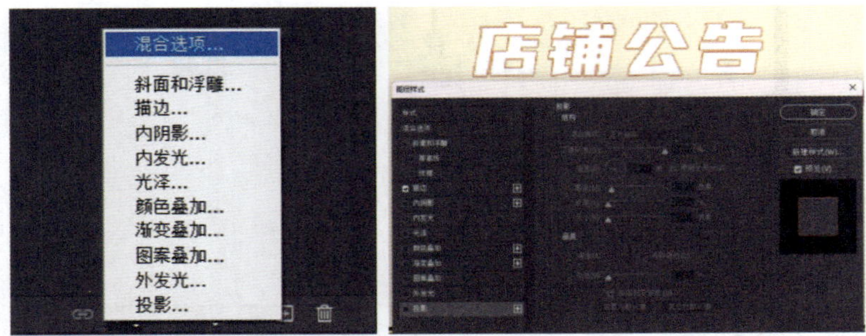


图 2-3-26　设置描边的有关参数

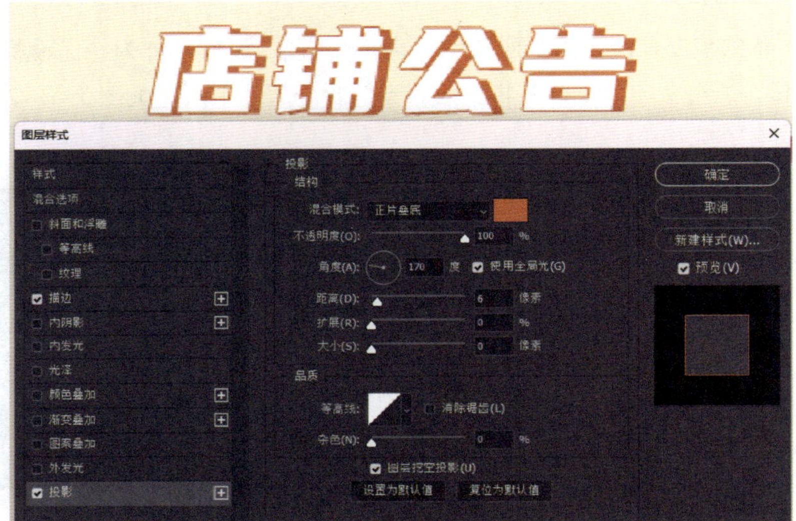


图 2-3-27　设置投影颜色

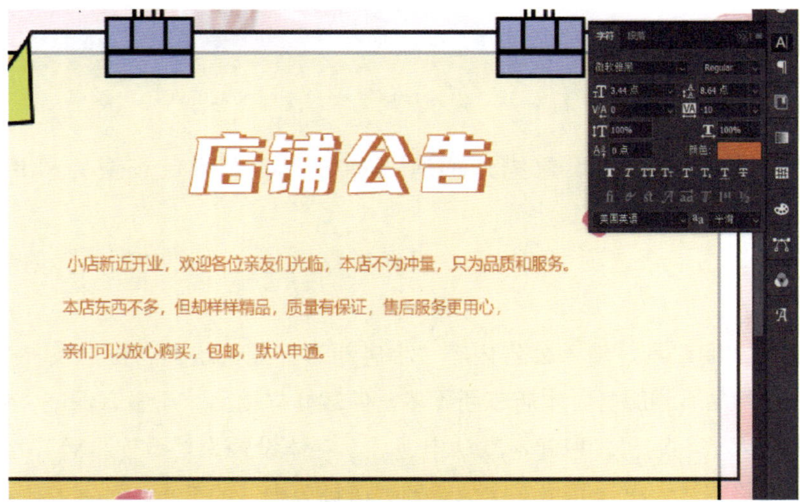


图 2-3-28　输入公告内容

（5）选择文字工具，输入日期“2020 年 8 月 20 日”，字体设置为“微软雅黑”，颜色设置为“df7722”，调整文字大小，并将其放置到信封右下角，如图 2-3-29 所示。

图 2-3-29　输入日期

## 任务评价

请根据表 2-3-2 对本次学习任务完成情况进行评价。

表 2-3-2　学习任务完成情况评价表

| 学习任务 | 公告栏设计 | | |
|---|---|---|---|
| 项目 | 评价内容 | 配分 | 得分 |
| 知识技能 | 公告栏的概念 | 10 分 | |
| | 公告栏的类型 | 10 分 | |
| | 公告栏设计的内容 | 25 分 | |
| | 公告栏版式的类型 | 20 分 | |
| | 公告栏的设计原则 | 10 分 | |
| | 公告栏的作用 | 10 分 | |
| 素养 | 按规范执行任务、遵守工作制度的职业素养 | 5 分 | |
| | 严谨、细致的工作态度和团队合作意识 | 5 分 | |

续表

| 学习任务 | 公告栏设计 | | |
|---|---|---|---|
| 项目 | 评价内容 | 配分 | 得分 |
| 素养 | 认真工作、刻苦钻研、守正创新等职业意识 | 5 分 | |
| | 合计 | 100 分 | |
| 任务评价 | | | |

## 拓展训练

为线尚车品专营店制作一个主要内容为五星好评加文字描述可返现的公告栏，最终效果如图 2-3-30 所示。

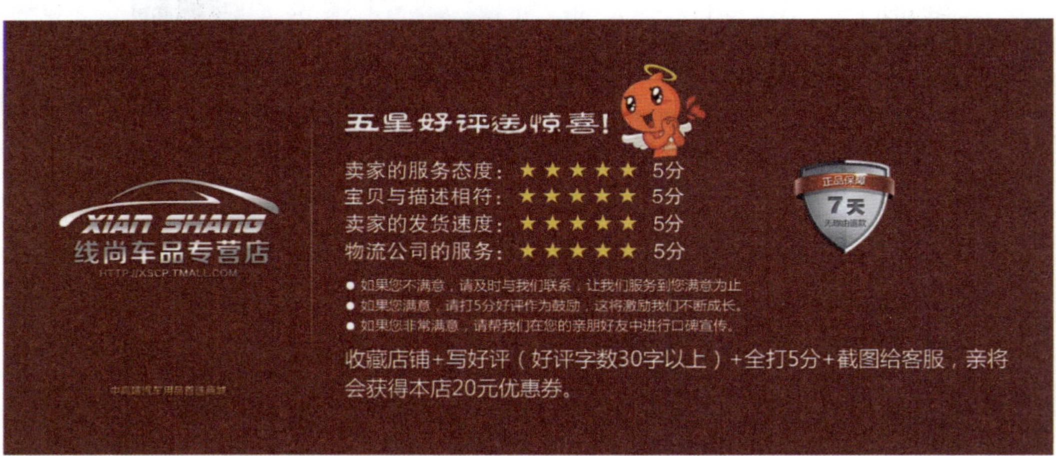


图 2-3-30　线尚车品专营店的公告栏

## 思考与练习

1. 常见的公告栏有哪几种?
2. 公告栏的版式有哪几种?

# 学习任务 4　商品分类设计

## 知识目标

1. 掌握网店商品分类的方法
2. 了解网店商品分类的作用
3. 熟悉网店商品分类的设计内容

## 技能目标

1. 能根据网店商品分类方法对网店商品进行分类
2. 能独立进行商品分类设计

商品分类，也称为网店分类，是构成网店形象的关键要素之一。恰当的商品分类不仅能有效引导消费者，还能显著提升网店的人气和形象。通常，商品分类会被放置在网店页面的左侧，以便消费者能迅速浏览并定位自己感兴趣的商品类别。同样，网店导航也扮演着对商品进行分类和指引的角色。美观且实用的导航按钮能够极大地提升消费者的购物体验，帮助他们快速找到所需商品，从而节省时间，提升购物效率。对于光临网店的消费者而言，一个清晰、易用的导航系统无疑会使他们的购物过程更加便捷和愉快。

### 一、商品分类的方法

商品分类能够有效地引导消费者快速定位并搜索所需要的商品。以淘宝平台为例，淘宝平台为商品分类提供了文字和图片两种链接方式，以满足不同网店的个性化需求。当使用文字作为链接方式时，导航文字的颜色和大小都是淘宝平台统一规定的，网店无法自行更改。因此，更多的网店通过制作精美的商品类别图片来替代普通的文字，从而为消费者带来更加直观的浏览体验。在制作商品类别图片时，需要注意各个电商平台对图片尺寸的限制，以保证商品类别图片在不同设备上的显示效果和加载速度。网店不仅可以选择静态图片为链接，也可以尝试使用动态的 GIF 动画为链接，以吸引更多的消费者。无论选择哪种方式，设计商品分类的核心目标都是让消费者能够一目了然地看到网店内的产品系列和详细分类。进行商品分类不仅有助于消费者快速找到心仪的商品，还能有效地将网店首页的流量引至各个子页面，从而提高网站的访问深度和用户黏度。因此，在设计商品分类时应充分考虑消费者的使用习惯和搜索需求，以打造出一个既美观又实用的商品分类系统。

### 1. 按商品功能分类

根据商品的不同功能将商品划分成不同的类别，是最基础的网店商品分类的方法。这种分类方法有助于消费者根据自己的实际需求快速定位到所需商品，同时也便于网店进行商品管理和营销推广。例如，经营食品的网店可以将食品分为休闲零食、粮油米面、生鲜果蔬等类别，这样的分类方式既符合消费者的购物习惯，也能帮助他们更快地找到所需食品。图 2–4–1 所示为一家大型商超的网店的商品分类，商品按功能分为食品、保健品、茗茶、中外名酒、数码 3C 等类别。

图 2–4–1　商品按功能分类

### 2. 按商品品牌分类

根据商品的品牌不同将商品划分成不同的类别，是许多网店在进行商品分类时常用的一种方法。这种分类方法不仅有助于消费者根据自己的品牌偏好快速找到所需商品，还能提升网店的购物便捷性。

以电子产品为例，苹果和三星是两个广受欢迎的手机品牌。在经营手机的网店中，可以为这两个品牌分别设立独立的商品类目，如“苹果专区”和“三星专区”。这样，消费者如果对某个品牌有特定需求或偏好，就可以直接点击链接进入该品牌专区，轻松找到所需商品。图 2–4–2 所示为某经营护肤品的网店按照商品品牌进行商品分类。

图 2–4–2　按照商品品牌进行分类

### 3. 按商品价位分类

根据商品的不同价位对商品进行划分，是一种常见且实用的商品分类方法。这种分类方法不仅有助于网店更好地管理和展示商品，还能帮助消费者根据自己的预算快速找到心仪的商品。例如，可以设立“低价商品”商品类别，该类别包含所有价格较为亲民的商品，能吸引对价格敏感的消费者。如图 2–4–3 所示为某经营灯具的网店按照价位对商品进行的分类。

图 2–4–3　按照价位对灯具进行分类

## 二、商品分类的作用

### 1. 有利于提高搜索排名

合理的商品分类有助于提高商品在搜索结果中的排名，从而增加商品曝光度和潜在消费者点击商品链接的概率。

### 2. 有利于优化网店结构，方便消费者找到商品

合理的商品分类可以使网店结构更加清晰，方便消费者浏览和挑选商品，从而使其更快地找到所需商品，提高购买意愿。

### 3. 有利于开展数据分析

通过分析各类商品的销售数据，网店可以迅速了解市场需求，优化商品结构和经营策略。

### 4. 有利于提升网店形象

一般来说，有组织且商品分类明确的网店往往会给消费者留下专业可靠的印象，

有利于网店用户评价和信誉度的提升。

## 三、商品分类的呈现形式

### 1. 导航条

网店导航条可以放置在页面最上方，也可以放置在页面左侧，一般以一行或一列的形式呈现。整齐、美观的版式能够凸显导航条，给消费者较强的视觉冲击力，方便消费者查找商品，同时还能够节省页面空间，让更多的商品展示在页面上。

商品分类导航条的常见尺寸为 750 像素 ×100 像素，一般放置在页眉中。利用简单的几何图形配合文字，就可以制作风格独特的导航条。另外，也可以设计制作导航按钮，导航按钮的制作可以借助笔刷工具。利用导航按钮和合适的背景图就可以制作出充满个性的导航条。

导航条的设计内容主要包括商品类别信息、搜索框、促销信息、其他链接、背景和色彩等，如图 2-4-4 所示。

图 2-4-4　导航条

（1）商品类别信息。这是导航条的核心内容。在设计时，要根据商品的种类、属性或品牌等对商品进行分类，以帮助消费者快速找到所需商品。商品类别应划分清晰、准确，避免过于复杂或模糊。如图 2-4-5 所示，阿迪达斯的网店将商品分为男鞋、女鞋、男服、女服、配饰 5 大类，导航条上分别设置了这 5 类商品的链接。

图 2-4-5　阿迪达斯网店的导航条

（2）搜索框。搜索框是导航条的另一个重要设计元素。消费者可以在搜索框中输入关键词，快速搜索相关商品。搜索框应该放在显眼的位置，以方便消费者使用。如图 2-4-6 所示，巴拉巴拉童装网店的导航条上有一个搜索框，消费者可通过检索关键词来查找商品。

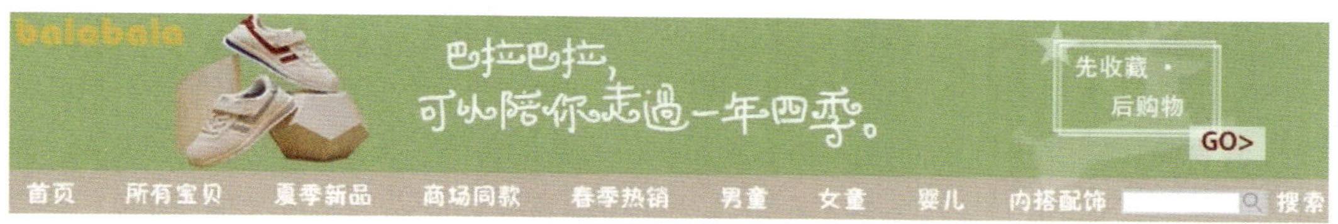


图 2-4-6　巴拉巴拉童装网店的导航条

（3）促销信息。如果网店正在举办促销活动，可以在导航条上设置活动页面的链接。这有助于吸引消费者的注意力，提高商品的销量。但需要注意的是，促销信息应该简洁明了，避免设计过于烦琐或复杂。如图 2–4–7 所示，唯品会网店正在举办儿童节促销活动，网店的导航条上即设置了“狂欢儿童节”活动页面的链接。

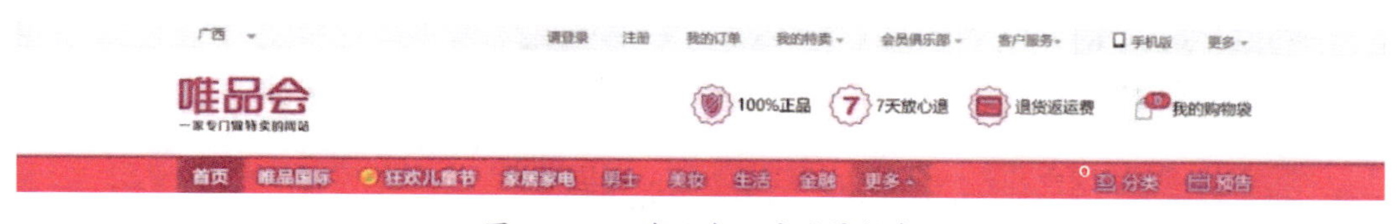


图 2–4–7　唯品会网店的导航条

（4）其他链接。根据网店的需要，导航条还可以包含其他链接，如品牌故事、会员中心、社区论坛等。这些链接可以提供更多的信息和互动机会，增强消费者对网店的兴趣和消费者黏性。

（5）背景和色彩。导航条一般以低明度或低饱和度的色带为背景。设计导航条的背景和颜色时，不可使用过于花哨的背景，以免弱化文字的可读性，使导航条风格与网店风格不符，引起消费者不适。如图 2–4–8 所示，该网店导航条背景色为白色，简单清新，突出了文字内容。

图 2–4–8　背景色为白色的导航条

### 2. 商品分类图片

商品分类在网页设计中可以以多种形式呈现，既可以通过简洁明了的导航条进行展示，也可以通过生动直观的图片来展示。如果以图片来呈现，常放置在左侧栏。不同的平台对商品分类图片的尺寸要求不同，如淘宝平台要求商品分类图片的宽度在 160 像素以内，高度不限，可以是静态图片，也可以是 GIF 动画。商品分类图片主要由商品类别名称、商品类别图片、商品类别背景图形组成。

（1）商品类别名称。设计商品类别名称时应该考虑页面使用需要，商品类别名称要通俗易懂，文字要可读性强、大小合适、色彩搭配舒适。一般选用无衬线字体，如微软雅黑、黑体等。如图 2–4–9 所示，商品类别名称设计采用了统一的字体和字号，看起来整齐有序。

图 2–4–9　商品类别名称设计采用统一的字体和字号

（2）商品类别图片。商品类别图片的选择具有多样性，可以是实物图片，也可以是插画风格的图片。商品类别图片要具有代表性，并且与其他图片风格保持一致，如果是商品实物图片要确保图片清晰、可识别性强。图 2–4–10 所示为不同风格的商品类别图片设计。

图 2–4–10　不同风格的商品类别图片设计

（3）商品类别背景图形。背景图形可以统一为几何形状的图块，也可以为有颜色的色块，图 2–4–11 所示为插画风格的商品类别图片搭配不同颜色的色块背景，非常特别。

图 2-4-11　插画风格的商品类别图片搭配不同颜色的色块背景

### 实训 1：为某经营净水器的网店设计导航条

在本次实训中，设计元素包括商品分类名称、导航条背景等，版面布置合理得当，色调沉稳大气，呼应主题，如图 2-4-12 所示。

图 2-4-12　某经营净水器的网店的导航条

#### 1. 设计导航条版式

（1）新建一个画布，尺寸为 1 920 像素 ×150 像素，其余参数保持默认设置。

（2）用矩形工具在画布下方绘制矩形，颜色设置为“012547”，如图 2-4-13 所示。

#### 2. 设计导航条上的文字

（1）选择文字工具，输入导航条上的文字“首页”“所有宝贝”“台式饮水机”“关于品牌”“收藏本店”，设置字体为“微软雅黑”，颜色为“ffffff”，放置到矩形条上层，如图 2-4-14 所示。

（2）用直线工具绘制装饰符号，颜色设置为“ffffff”，并将其放置在合适的位置，如图 2-4-15 所示。

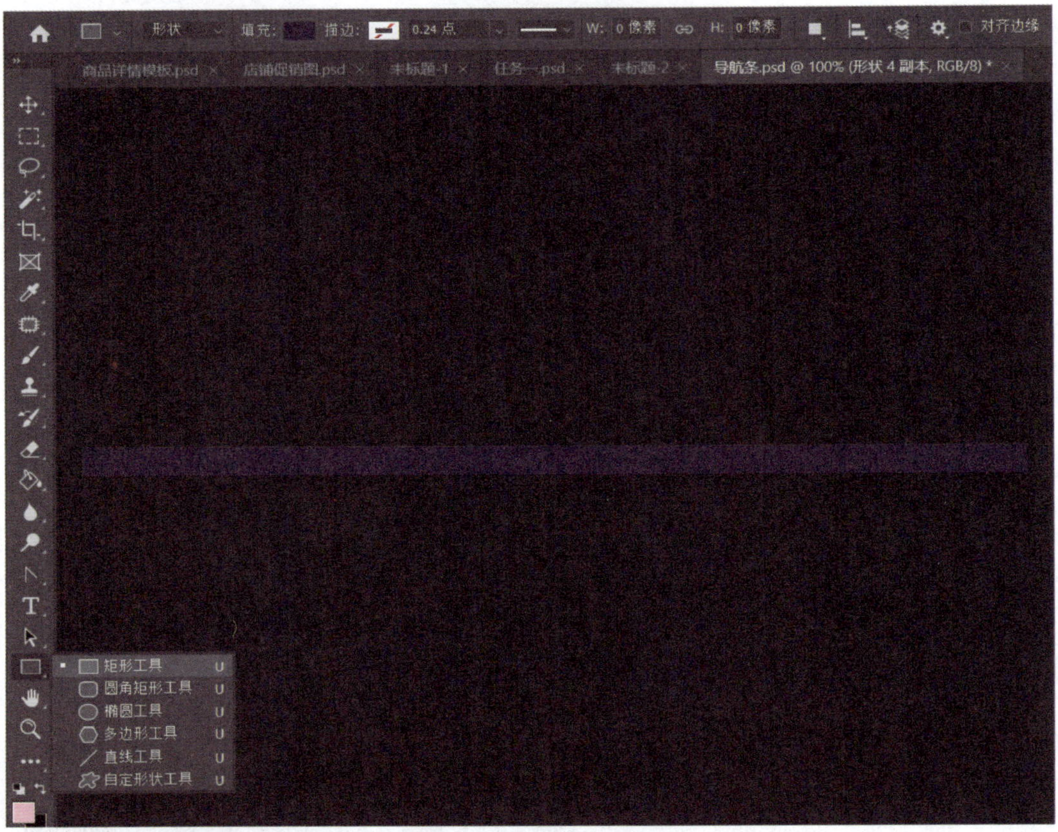

图 2-4-13　绘制矩形

图 2-4-14　输入导航条上的文字

图 2-4-15　绘制装饰符号

### 实训 2：为某经营食品的网店设计商品分类图片

在本次实训中，该网店商品分类图片的版面设计富有特色，充满创意。其以商品图片表示商品类别，以路线图将商品串联在一起，背景为新中式风格的，背景图片、文字、图标使用统一色调，很好地塑造了网店的风格，如图 2-4-16 所示。

图 2-4-16　某经营食品的网店的商品分类图片

（1）新建一个画布，尺寸为 1 500 像素 ×300 像素，其余参数保持默认设置。

（2）导入“项目二—学习任务 4 实训 2—素材 1”背景图片素材，如图 2-4-17 所示。

图 2-4-17　导入背景图片素材

（3）导入“项目二—学习任务 4 实训 2—素材 2”路线图素材，并将其放置在画布中间，如图 2-4-18 所示。

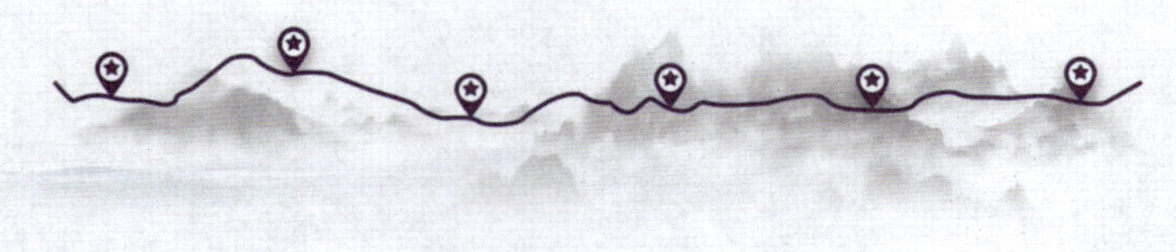

图 2-4-18　导入路线图素材

（4）选择文字工具，分别输入导航条上的文字“云岭锅巴”“调味制品”“丁渡酱菜”“徽州糕点”“徽式卤味”“休闲食品”，字体设置为“宋体”，颜色设置为“191919”，并按顺序放置到每个图标下方，其他参数设置如图 2-4-19 所示。

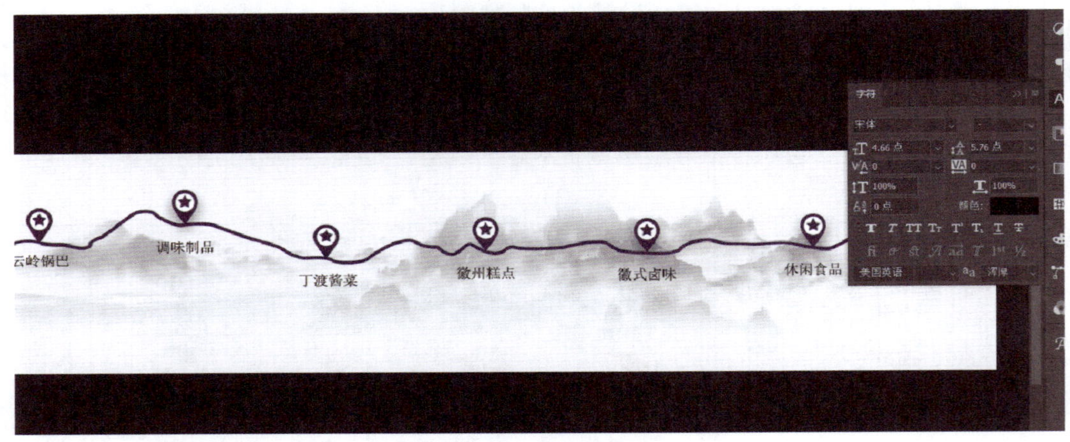


图 2-4-19　输入导航条上的文字

（5）分别导入商品类别素材图，并将它们分别放置在对应的商品类别名称下方，如图 2-4-20 所示。

图 2-4-20　导入商品类别素材图

## 任务评价

请根据表 2-4-1 对本次学习任务完成情况进行评价。

表 2-4-1　学习任务完成情况评价表

| 学习任务 | 商品分类设计 | | |
| --- | --- | --- | --- |
| 项目 | 评价内容 | 配分 | 得分 |
| 知识技能 | 商品分类的概念 | 15 分 | |
| | 商品分类的方法 | 15 分 | |
| | 商品分类的作用 | 15 分 | |
| | 商品分类的呈现形式 | 20 分 | |
| | 导航条及商品分类图片的设计内容 | 20 分 | |
| 素养 | 按规范执行任务、遵守工作制度的职业素养 | 5 分 | |
| | 严谨、细致的工作态度和团队合作意识 | 5 分 | |
| | 认真工作、刻苦钻研、守正创新等职业意识 | 5 分 | |
| 合计 | | 100 分 | |
| 任务评价 | | | |

## 拓展训练

通过网上搜索等方式搜集素材，为一家经营手机的电子产品网店规划商品分类方式，并为其设计商品分类图片或导航条。

## 思考与练习

1. 常见的商品分类方法有哪些?
2. 商品分类的作用有哪些?

# 项目三 网店商品主图及详情页设计

项目概述

网店商品的主图和详情页是网店视觉呈现与信息传递的重要载体，对于有效引导消费者完成购买行为起着至关重要的作用。精美的商品主图能够迅速吸引消费者的注意力，而清晰详尽的商品详情页则能进一步突出商品的独特卖点，从而提高商品在平台上的曝光率。良好的商品主图及详情页设计不仅能提升消费者的购物体验，使其更加便捷地了解商品详情，同时有助于建立消费者对产品的信任感，最终提升商品的购买转化率。

## 学习任务 1　商品主图设计

### 学习目标

#### 知识目标

1. 了解商品主图的内容和作用
2. 熟悉商品主图的类型
3. 掌握商品主图的构图方法

## 技能目标

1. 能设计商品主图的内容
2. 能根据商品主图设计步骤设计商品主图

## 相关知识

### 一、商品主图概述

商品主图在电商平台中扮演着至关重要的角色，它是商品展示的主要图片，通常出现在搜索结果和商品详情页面中。商品主图不仅展示了商品的形象，更突出了其卖点，是电商营销中不可或缺的元素。设计精美、吸引人的商品主图能够有效地吸引消费者的注意力，提高商品的点击率，进而增加商品的销售量。因此，在电商平台上，商品主图的重要性不言而喻。

商品主图通常由两大部分构成：图片与文字。对于图片而言，其必须有较高的清晰度和美观度，能够精准地展现商品的外观特征、独特性以及吸引人的卖点；而文字部分则需言简意赅，醒目地呈现商品名称和不可或缺的关键信息，以便消费者一目了然，快速把握商品的核心要素。

### 二、商品主图的内容和作用

#### 1. 商品主图的内容

（1）商品主体：商品主体是商品主图的核心内容，在商品主图中必须清晰、准确地展示商品主体的全貌，让消费者对商品有全面的认识。如果商品有多个型号或颜色，可以在主图中逐一展示。

（2）卖点信息：卖点信息是指该商品独特的功能、特点或优势，卖点信息是吸引消费者的重要因素。在主图中可以通过文字、符号或图片等形式展示卖点信息，以便突出强调该商品的独特之处。

（3）细节展示：商品细节是指商品的材质、工艺、尺寸、标签等信息，这些信息对于消费者了解商品特点和品质至关重要。因此，在主图中应尽可能地展示商品的细节，如商品的特殊设计、刺绣、标识等，以增加商品的吸引力，使消费者更好地了解该商品。

（4）品牌标识：品牌标识是指商品的商标、logo 或品牌名称等标识，这些标识有助于提高消费者对品牌的认知度和信任度。在主图中应将品牌标识放置在显眼的位置，并保证它的可识别性。如果是知名品牌，可以适当更多地展示品牌标识，以提高品牌

辨识度。

（5）使用场景：展示商品在实际使用场景中的效果，可让消费者更好地了解该商品在实际生活中的用途。

（6）配件或附加物品：如果商品有附加配件，可以在主图中展示，以提高其附加价值。

除了以上内容外，还可以根据商品的类型和特点，适当调整主图的内容和展示方式。例如，服装类商品可以在主图中展示模特穿着效果，食品类商品可以展示食品的外观和描述食品口感等。总之，商品主图的内容应该以吸引消费者注意力为主导，同时保持清晰、准确、美观。

### 2. 商品主图的作用

商品主图在电商平台上具有多重作用，其主要表现在以下几个方面：

（1）吸引消费者：商品主图产生的视觉吸引力，可使潜在消费者关注商品，并停下来查看商品。

（2）传达关键信息：通过商品主图展示商品的外观、特点、功能等关键信息，可帮助消费者更好地了解该商品。

（3）提高点击率：吸引消费者点击进入商品详情页，增加商品被浏览的机会。

（4）促进消费者做出购买决策：清晰、有吸引力的商品主图，可刺激消费者的购买欲望，促进其购买决策的形成。

（5）塑造品牌形象：设计独特、符合品牌风格的商品主图能提升品牌形象，提高品牌辨识度。

（6）提高搜索可见性：商品主图中包含与搜索相关的关键词，能提高商品在搜索结果中的排名。

总而言之，商品主图在电商营销中扮演着重要的角色，直接影响着消费者对商品的第一印象和购买意愿。

## 三、商品主图的类型

商品主图通常包含5～6张图。商品搜索结果页展示的商品图片都是商品主图，因此人们喜欢把展示在外面窗口的那张图片称为主图。

### 1. 第一张主图

第一张主图作为商品展示的首要窗口，是消费者最先接触到的视觉元素。它不仅在很大程度上决定了消费者是否会点击该商品链接，进而进入网店进行深入浏览，还对商品点击率起着至关重要的决定性作用。因此，第一张主图的设计和呈现效

果，对于吸引消费者、提高商品点击率以及促进网店流量增长有不可忽视的作用。如图 3–1–1 所示，第一张主图的作用是展示商品的整体效果，吸引消费者点击该商品链接。

图 3–1–1 第一张主图

### 2. 第二张主图

第二张主图主要展示商品的规格、尺寸、颜色以及细节等，如图 3–1–2 所示。第二张至第五张主图构成了一个微型的详情页，它们的主要功能是辅助商品转化，有效激发消费者的兴趣，属于一种强有力的辅助型转化工具。同时，这些主图在实际运用中也显著提升了详情页的浏览深度，为消费者提供了更丰富、更深入的商品信息，有助于促进消费者做出购买决策。

### 3. 第三张主图

第三张主图旨在细致地展现商品的独特卖点，如图 3–1–3 所示。在第三张主图中，要将商品的细节部分放大，以便消费者能更清晰地了解和感知商品的价值。在第三张主图中可以介绍以下几个方面的内容：

（1）产品卖点：要着重强调该商品的与众不同之处，凸显其独特性和优势。

（2）细节卖点：选取商品最具吸引力的细节进行放大展示，旨在强调商品的性价比，让消费者感受到每一分钱都花得有价值。

图 3-1-2　第二张主图

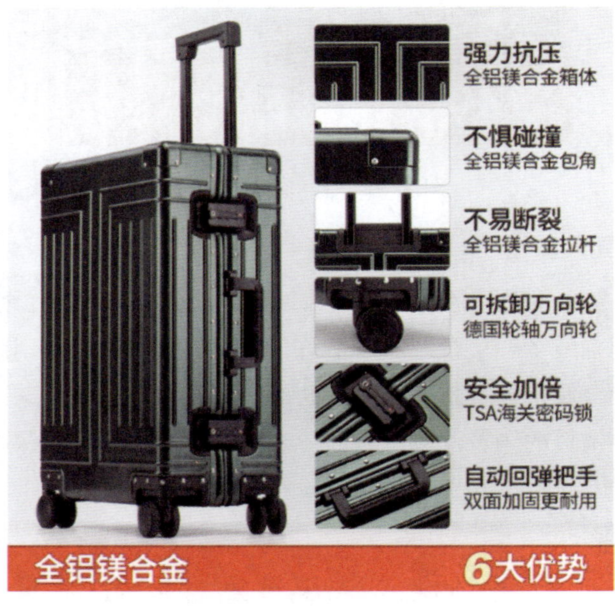


图 3-1-3　第三张主图

（3）功能卖点：如果商品具备强大的功能，即可从同类同价但款式不同的角度进行比较，以凸显该商品的实用性和创新性。

（4）服务卖点：在商品同质化严重的市场中，可以通过介绍如七天无理由退货、赠送运费险等优质服务，进一步提升商品的吸引力。

### 4. 第四张主图

第四张主图一般会更多地展示商品的促销活动信息，如一些赠品优惠信息或售后保障信息等，如图 3-1-4 所示。

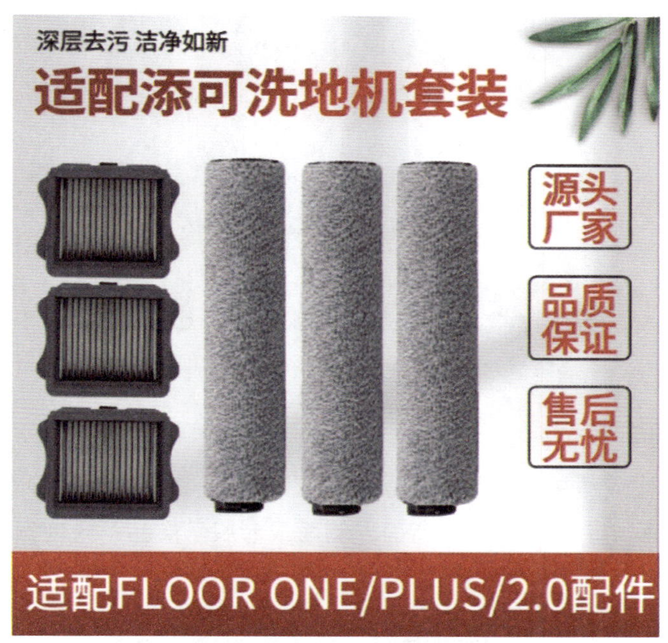


图 3-1-4　第四张主图

### 5. 第五张主图

第五张主图一般为白底图，如图 3-1-5 所示。白底图是报名网站活动必须提供的素材，通过白底图，网店有机会获得手淘首页频道、各大场景的个性化流量曝光，如在有好货、聚划算等频道获得优先展示机会。

图 3-1-5　第五张主图

## 四、商品主图的构图方法

### 1. 中心构图法

中心构图法是将商品主体放置在画面中心的构图方法。这种构图方法最大的优点在于主体突出、明确，而且画面左右平衡。中心构图法适用于比较小的商品的主图设计，如图 3-1-6 所示。

图 3-1-6　采用中心构图法设计的商品主图

### 2. 均衡构图法

均衡构图法比较适用于服装类商品的主图设计，主要通过两种角度来展示商品，一是展示商品正面，二是展示商品背面、侧面或者展示商品不同的颜色，如图 3-1-7 所示。

图 3-1-7　采用均衡构图法设计的商品主图

### 3. 紧凑式构图法

采用紧凑式构图法设计的商品主图，设计元素排列比较紧凑，该方法主要适用于

电器类商品的主图设计，或者赠品比较多的商品的主图设计，如图 3-1-8 所示。

图 3-1-8　采用紧凑式构图法设计的商品主图

### 4. 三角构图法

采用三角构图法设计的商品主图，画面比较稳定，可通过改变商品主体和一些装饰元素之间的距离创造视觉上的远近变化，打造画面的节奏感，如图 3-1-9 所示。

图 3-1-9　采用三角构图法设计的商品主图

### 5. 对角线构图法

对角线构图法是指商品主体及其他设计元素沿画面对角线方向排列，采用这种方法设计的商品主图，旨在表现动感、不稳定性或生命力等，可以使画面更加舒展、饱满，给消费者带来更强的视觉冲击，如图 3–1–10 所示。

### 6. 九宫格构图法

九宫格构图法适用于比较小、款式相同（或相近），但颜色或图案不同的商品的主图设计，如图 3–1–11 所示。

图 3–1–10 采用对角线构图法设计的商品主图

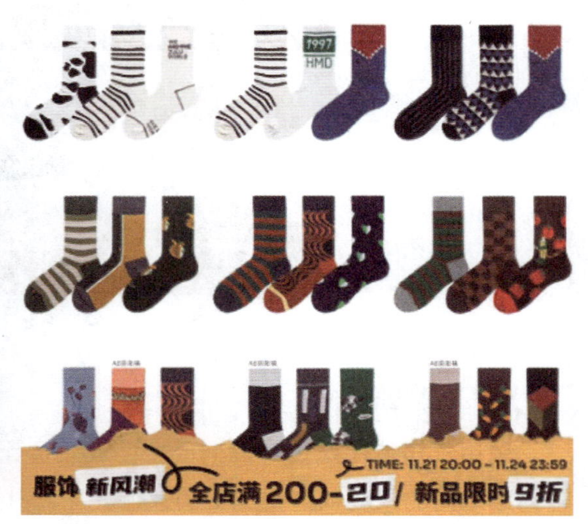


图 3–1–11 采用九宫格构图法设计的商品主图

## 五、商品主图的设计要求

### 1. 商品要突出

商品图片应拍摄完整，且商品面积应占整个图片面积 2/3 以上。在第一张主图中只放商品的正面图。可通过为其设计鲜艳的颜色、独特的形状等方式使商品主图在众多商品主图中脱颖而出。

### 2. 图片要清晰

清晰的图片能使消费者产生最基本的信任感，主图设计时要确保图片质量高，以充分展示商品的细节，提升消费者购物体验。背景颜色优选白色或者较浅的纯色。

### 3. 图片要真实

可以适当通过图片处理软件突出商品的优点，但要注意避免过度修图，要保证商

品外观的真实性，以提升消费者对商品的信任感。

## 六、商品主图的设计步骤

### 1. 确定商品主图的尺寸

商品主图大小不能超过 3 MB，尺寸最小为 400 像素 ×400 像素，最大为 700 像素 ×700 像素。图片上传后，电商平台一般会提供放大镜工具，如图 3–1–12 所示。

图 3–1–12　放大镜工具的使用效果

### 2. 确定商品主图的配色

（1）主要要解决背景、文字、设计元素和商品图片素材之间的配色关系，一个优秀的配色方案不仅能给消费者带来感官上的享受，还可以激发消费者的购买意愿。

（2）配色要符合品牌风格，例如，化妆品类商品最好不用深色系的背景，除非是高端品牌的商品，深色系能为其带来大气奢华的感觉；电器类商品一般使用科技蓝；食品类商品可以使用橙色使食品看起来诱人、可口。

（3）一般深色背景配浅色商品，浅色背景配深色商品。对比色是用得最多的，在使用对比色时一般选用 3 种颜色，以一种颜色为主色，其他两种颜色为辅助色，使商品和背景有明暗对比。

### 3. 确定商品主图中的文字内容

文字内容应当简洁明了，能突出关键信息，要避免使用过多的文字。要选择清晰易读的字体及合适的字号，确保文字在不同设备和图片尺寸下都能清晰易读。要确保文字内容符合淘宝平台的规定，避免使用敏感词汇或者违规内容。

## 任务实施

**实训：为扫地机设计商品主图**

图 3–1–13 所示为扫地机的商品主图，该商品主图采用红色为主色调，营造出了热烈的活动气氛，暗示商品销售比较火爆；扫地机的颜色为白色，与红色的背景搭配比较协调；主图中包含网店 logo、活动信息、商品卖点、促销活动的利益点等文字信息，旨在使消费者能够迅速看到商品活动信息，产生购买的欲望。

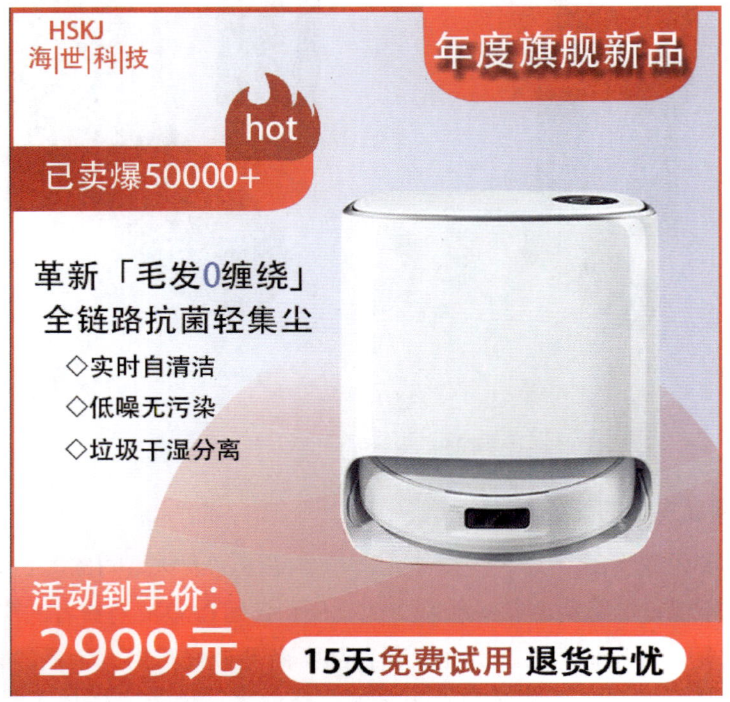


图 3–1–13 扫地机的商品主图

**1. 制作主图背景**

（1）新建一个画布，尺寸为 700 像素 ×700 像素，背景颜色设置为白色；新建一个图层，填充任意颜色，设置图层样式为渐变叠加，如图 3–1–14 所示。

（2）新建图层，导入“项目三—学习任务 1 实训—素材 1”背景图片素材并将其移动至背景层上层，然后调整其大小并将其移动至合适位置，如图 3–1–15 所示。

（3）新建图层，描边并绘制下方的促销信息背景及右上角的标签区域背景，如图 3–1–16 所示。

## 2. 添加商品图片

（1）打开“项目三—学习任务 1 实训—素材 2”商品图片素材。

（2）使用移动工具将商品图片素材移动至主图背景中，调整其大小并将其移动至合适位置，如图 3–1–17 所示。

图 3–1–14　设置图层样式为渐变叠加

图 3–1–15　导入背景图片素材

图 3–1–16　绘制促销信息背景和标签区域背景

图 3–1–17　将商品图片素材移动至主图背景中

## 3. 输入促销文字

（1）利用文字工具输入标签文字“年度旗舰新品”，调整图层样式，参数设置如图 3–1–18 所示。

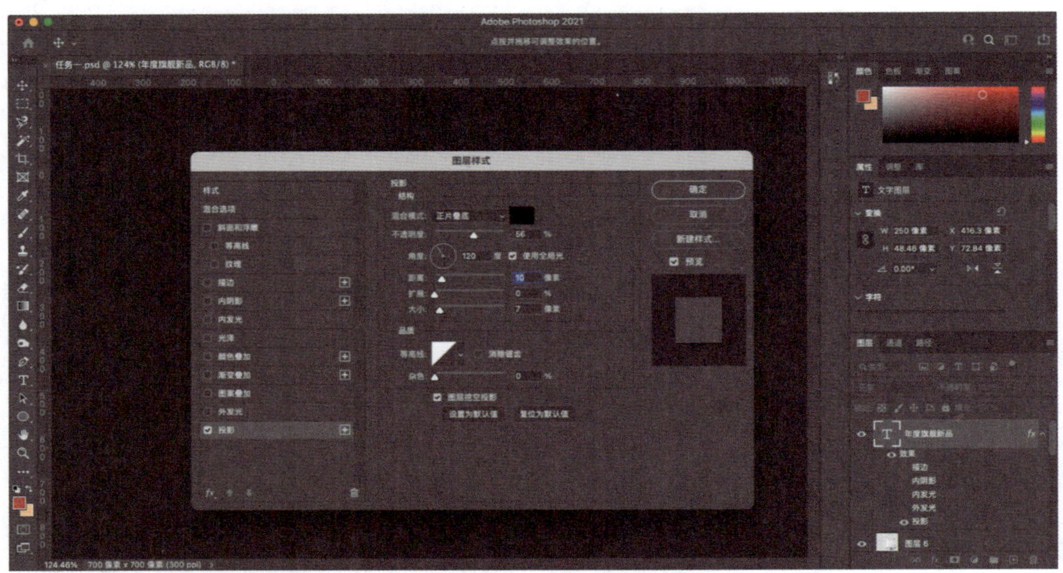


图 3-1-18　调整图层样式

（2）输入商品卖点信息“革新「毛发 0 缠绕」”“全链路抗菌轻集尘”，设置字体颜色和字号，调整其位置，参数设置如图 3-1-19 所示。

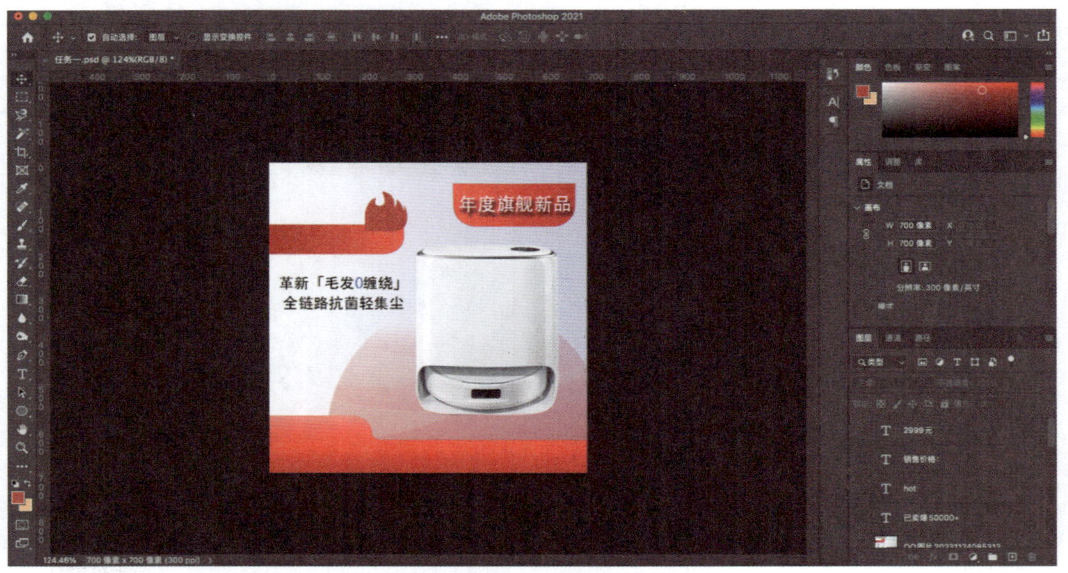


图 3-1-19　输入商品卖点信息

（3）选用合适的工具制作购物保障信息的背景，依次输入剩余文字并调整文字位置，完成制作。

## 任务评价

请根据表 3–1–1 对本次学习任务完成情况进行评价。

表 3–1–1　学习任务完成情况评价表

| 学习任务 | 网店主图设计 | | |
|---|---|---|---|
| 项目 | 评价内容 | 配分 | 得分 |
| 知识技能 | 商品主图概述 | 5 分 | |
| | 商品主图的内容和作用 | 15 分 | |
| | 商品主图的类型 | 15 分 | |
| | 商品主图的构图方法 | 15 分 | |
| | 商品主图的设计要求 | 15 分 | |
| | 商品主图的设计步骤 | 20 分 | |
| 素养 | 按规范执行任务、遵守工作制度的职业素养 | 5 分 | |
| | 严谨、细致的工作态度和团队合作意识 | 5 分 | |
| | 认真工作、刻苦钻研、守正创新等职业意识 | 5 分 | |
| 合计 | | 100 分 | |
| 任务评价 | | | |

## 拓展训练

品质 3C 网店新上架一款鼠标，需要在网店首页进行轮播展示，现新品上架 9 折促销。请利用图 3–1–20 所示的鼠标商品图片，完成商品主图设计。

图 3–1–20　鼠标

思考与练习

1. 商品主图包含哪些内容?
2. 简述商品主图的设计步骤。

# 学习任务 2　商品详情页设计

## 学习目标

- 知识目标

1. 了解商品详情页的概念
2. 熟悉商品详情页的内容
3. 熟知商品详情页的设计要求

- 技能目标

1. 能设计商品详情页的内容
2. 能根据要求设计商品详情页

## 相关知识

### 一、商品详情页概述

商品详情页是电商平台上用于展示和说明特定商品的页面，能帮助潜在消费者了解和评估商品，促使他们做出购买决策。商品详情页在电商营销中扮演着非常重要的角色。优秀的商品详情页有助于树立网店形象，激发消费者的购买欲望，从而提高商品销量，对提高商品转化率有很大的作用。

### 二、商品详情页的内容和作用

#### 1. 商品详情页的内容

商品详情页内容丰富多样，旨在提供全面的商品信息，让消费者更好地了解和评估商品。商品详情页中主要有基本信息、商品展示图、商品细节图、商品焦点图、购物须知等内容。

（1）基本信息。基本信息主要包括商品名称、品牌、型号 / 规格等，图 3-2-1 所示为某热水壶商品详情页的基本信息部分。

1）商品名称：明确而吸引人的商品名称能够迅速传达商品信息。

2）品牌：商品品牌信息的展示有助于提升消费者对品牌的信任度。

3）型号 / 规格：为了便于消费者进行选择，应在商品详情页中提供商品的具体型号或规格信息。这样做不仅能够帮助消费者更准确地了解商品详情，还能确保他们购买到符合自己需求的商品。

**产品参数**

产品型号：PVW-B30C

容　量：3.0L

功　率：煮沸682W，保温时平均65W

产品尺寸：21.5×28.2×32.3cm

颜　色：不锈钢色

重　量：约3.0kg

额定电压：220V/50HZ

产　地：日本

沸腾时间到所选保温温度需要的时间

| 保温选择 | PVW-B30C |
| --- | --- |
| 98℃ | 约31分钟 |
| 90℃ | 约3小时45分钟 |
| 80℃ | 约6小时50分钟 |

（满水量，室温23℃、水温20度，220V交流电）

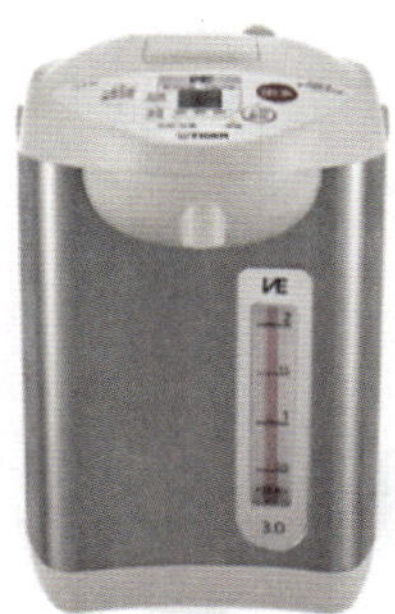

图 3-2-1　某热水壶商品详情页的基本信息部分

（2）商品展示图。一张或多张高质量的商品展示图，能够突出展示商品的外观和特点，吸引消费者的注意力，如图 3-2-2 所示。

（3）商品细节图。为了更全面地展示商品的特色和细节，应该尽可能多地提供商品细节图。这些图片可以从不同角度展示商品，帮助消费者更深入地了解商品的外观、质地、功能等，如图 3-2-3 所示。通过丰富的商品细节图，消费者能够更准确地判断商品是否符合自己的需求和期望，从而做出更明智的购买决策。

图 3-2-2 商品展示图

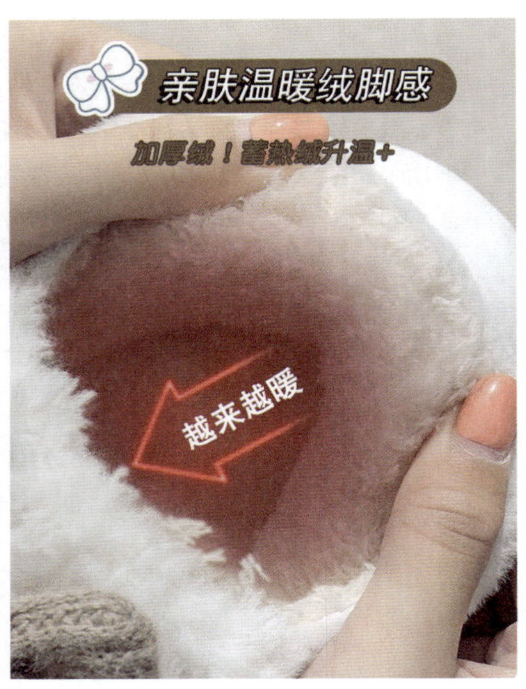


图 3-2-3 商品细节图

（4）商品焦点图。商品焦点图能展示商品的核心卖点，即该商品能在众多竞品中脱颖而出的特色与优势。核心卖点不仅是商品本身的亮点，更是满足消费者需求的关键所在。因此，商品焦点图设计实质上是深入挖掘消费者的潜在需求，并将商品的独特价值与这些需求精准匹配的过程。核心卖点越具独特性，越能突显商品的价值，也就更能吸引消费者的目光，激发他们的购买欲望，如图 3-2-4 所示。

图 3-2-4 商品焦点图

（5）购物须知。购物须知主要告知消费者邮费、发货时间、包装、退换货政策、售后服务政策等信息。图 3-2-5 所示为某商品详情页中关于物流

方式的购物须知。一般情况下，购物须知包括以下内容：

1）购物提示：即购物指南，包括选择尺寸、颜色的方法，购物流程等。

2）售后服务：包括退换货流程、质保期限等。

3）配送信息：包括商品的配送方式、运费计算方法以及预计送达时间等，旨在使消费者清楚知道商品何时可以到达。

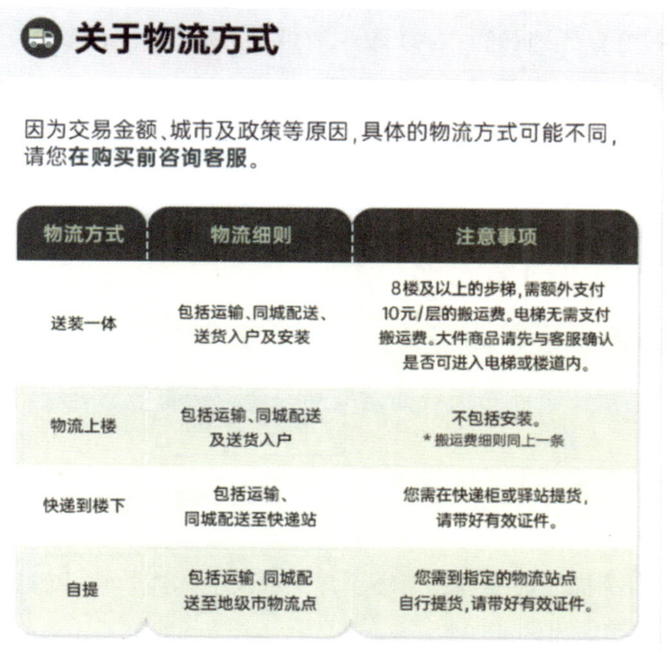

关于物流方式

因为交易金额、城市及政策等原因，具体的物流方式可能不同，请您**在购买前咨询客服**。

| 物流方式 | 物流细则 | 注意事项 |
| --- | --- | --- |
| 送装一体 | 包括运输、同城配送、送货入户及安装 | 8楼及以上的步梯，需额外支付10元/层的搬运费。电梯无需支付搬运费。大件商品请先与客服确认是否可进入电梯或楼道内。 |
| 物流上楼 | 包括运输、同城配送及送货入户 | 不包括安装。*搬运费细则同上一条 |
| 快递到楼下 | 包括运输、同城配送至快递站 | 您需在快递柜或驿站提货，请带好有效证件。 |
| 自提 | 包括运输、同城配送至地级市物流点 | 您需到指定的物流站点自行提货，请带好有效证件。 |

图 3-2-5　购物须知

以上内容有助于构建内容丰富的商品详情页，从而提供足够多的商品信息，让消费者做出明智的购买决策。

### 2. 商品详情页的作用

商品详情页在电商平台上发挥着重要的作用，对于提高商品转化率、提升消费者购物体验和其对品牌的信任度等方面都有关键性的影响。以下是商品详情页的主要作用：

（1）提供详细信息：商品详情页为消费者提供了丰富的商品信息，包括规格、尺寸、颜色、材质、产地等，使消费者能够全面了解商品特性。

（2）展示商品外观：通过高质量的图片展示，商品详情页能够生动地呈现商品的外观、细节和特色，激发消费者的购买欲望。

（3）促进购买决策形成：商品焦点图和特色介绍能突出商品的卖点，有助于引导消费者做出购买决策。

（4）建立品牌信任：商品详情页提供的品牌信息、售后服务政策等内容能增强消费者对品牌的信任感，提高其对品牌的忠诚度。

（5）提升消费者购物体验：购物指南、尺寸选择、颜色选择等购物提示，使消费者的购物过程更加顺利。

（6）引导相关销售：在商品详情页中展示相关推荐商品，能促使消费者了解更多的网店商品，增加交叉销售的机会。

（7）提供购物信息：明确的购物须知，如购物流程、售后服务、配送信息等，能为消费者提供高透明度的购物体验和安全感。

综上所述，商品详情页在网店运营中扮演着与消费者沟通、传达商品销售信息的重要角色。一个清晰、有吸引力的商品详情页能够吸引潜在消费者，提高商品转化率，为网店的成功经营保驾护航。

## 三、商品详情页的设计要求

### 1. PC 端商品详情页设计要求

（1）清晰的布局：页面布局要简洁有序，使消费者能够轻松找到他们所需要的信息。

（2）高质量的图片：要提供高分辨率、多角度的商品图片，以便消费者能够更好地了解商品外观和细节。

（3）详细的商品描述：要提供清晰、详细的商品描述，包括商品特性、规格、用途等，以帮助消费者做出购买决策。

（4）合理使用可视化元素：可使用图表、图标等可视化元素突出商品的优势和特点，以吸引消费者。

（5）良好的响应式设计：要确保页面在不同尺寸屏幕中都能良好呈现，适应各种 PC 设备。

### 2. 手机端（无线端）商品详情页设计要求

（1）良好的响应式设计：要保证页面在各种手机屏幕上都能良好呈现，确保消费者在不同设备上都有舒适的浏览体验。

（2）简洁明了的布局：要精简页面设计元素，确保信息呈现简单、清晰，避免过多滚动和烦琐操作。

（3）大而清晰的图片：要提供高质量、放大后仍清晰的商品图片，使消费者能够仔细查看商品细节。

（4）清晰的规格与价格：要明确标明商品规格、价格和库存状态，避免引起纠纷。

## 四、商品详情页的设计步骤

### 1. 确定商品详情页的尺寸

商品详情页的尺寸设置需要综合考虑多方面的因素，包括目标消费者的设备类型、屏幕尺寸、浏览习惯，以及电商平台的设计规范要求等。

### 2. 策划商品详情页的内容

商品详情页的内容策划主要包括以下方面：

（1）分析内容需求：根据目标消费者的特点，确定需要展示的内容，如商品名称、特点、规格、售后服务政策等。

（2）撰写文案：精心编写文案，突出商品的优势和特点，以提高目标消费者的关注度。

（3）选择图片和视频：要选用或设计合适、丰富的商品图片、视频来展示商品，以增强目标消费者对商品的感知度，提高商品转化率。

（4）调用按钮：在合适的位置放置转化链接，如设置“购买”“了解更多”按钮等。

### 3. 设计商品详情页的风格

商品详情页的风格设计包括以下方面：

（1）确定设计风格：根据目标消费者的喜好和品牌风格，确定商品详情页的设计风格。

（2）布局设计：合理布局文字、图片、视频等内容，确保信息呈现的层次感和易读性。

（3）色彩搭配：选择与品牌风格相符的色彩，以保持视觉上的和谐统一。

（4）字体选择：选用易读且与品牌风格相符的字体，确保信息传达的准确性。

## 任务实施

### 实训：为网店的某款女装夹克设计商品详情页

女装是淘宝、京东等电商平台中比较大的商品类目，服装类商品详情页的设计与制作通常分三步进行，分别是商品焦点图的设计与制作、商品基本信息部分的设计与制作、商品详情模板图的设计与制作。在本次实训中，制作商品详情页时应充分展示女装夹克的色彩，通过商品焦点图凸显商品促销活动信息，在商品基本信息部分将女装夹克的尺寸、品牌等标示出来。

**1. 商品焦点图的设计与制作**

女装夹克的焦点图如图 3–2–6 所示。

图 3–2–6　女装夹克的焦点图

（1）新建一个画布，尺寸为 750 像素 ×500 像素，背景设置为白色。

（2）打开“项目三—任务 2 实训—素材 1”背景图片素材，调整其大小，设置图层的透明度，如图 3–2–7 所示。

图 3–2–7　设置图层的透明度

（3）打开“项目三—任务 2 实训—素材 2”商品图片素材，裁切并调整其大小，将其拖动到焦点图上（默认图层名称为“图层 1”），如图 3–2–8 所示。

图 3-2-8　处理商品图片素材

（4）为图层 1 添加图层蒙版，设置前景色为“黑色”，用画笔工具进行涂抹，去除商品图片背景，如图 3-2-9 所示。

图 3-2-9　去除商品图片背景

（5）添加英文单词“NEW”，将其设置为栅格化文字，如图 3-2-10 所示。

（6）制作相应文字的背景，添加剩余文字，如图 3-2-11 所示。

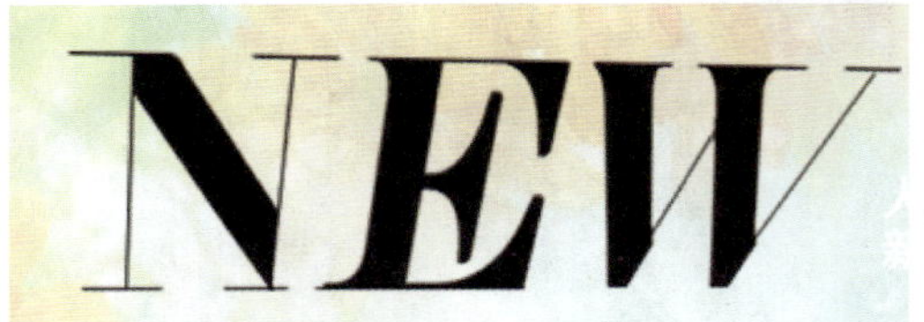

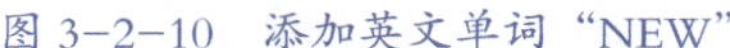

NEW

图 3-2-10　添加英文单词“NEW”

NEW
春季新品发布
人气
新品
韩版长袖学生夹克
衣橱必备
查看详情

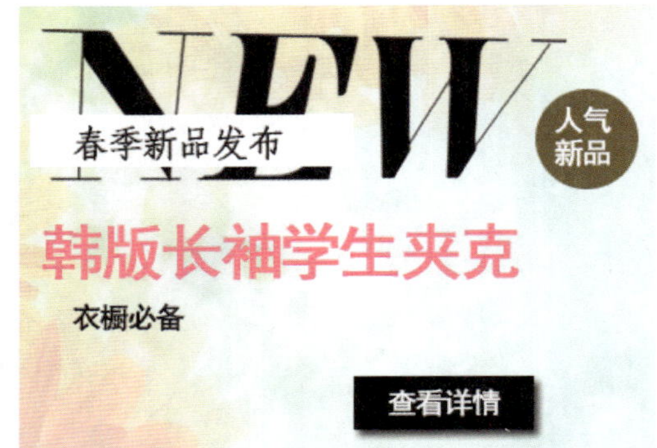

图 3-2-11　添加剩余文字

**2. 商品基本信息部分的设计与制作**

女装夹克的基本信息部分如图 3-2-12 所示。

韩版
夹克
MODELS SHOW 产品信息
风格版型：　韩版
产品颜色：　粉色
产品特点：　休闲时尚
版型指数
宽松　稍宽松　修身　紧身
厚度指数
薄　偏薄　适中　偏厚
柔软指数
柔软　偏软　适中　偏硬

| 尺码 | 衣长 | 肩宽 | 胸围 | 袖长 | 摆围 |
|---|---|---|---|---|---|
| S | 49 | 38 | 100 | 56 | 78 |
| M | 50 | 39 | 104 | 57 | 82 |
| L | 51 | 40 | 108 | 58 | 86 |
| XL | 52 | 41 | 112 | 59 | 90 |

温馨提示：全部平铺尺寸为手工测量，因测量方式不同，会有1-3 cm的误差，以上数据仅供参考，敬请原谅!

图 3-2-12　女装夹克的基本信息部分

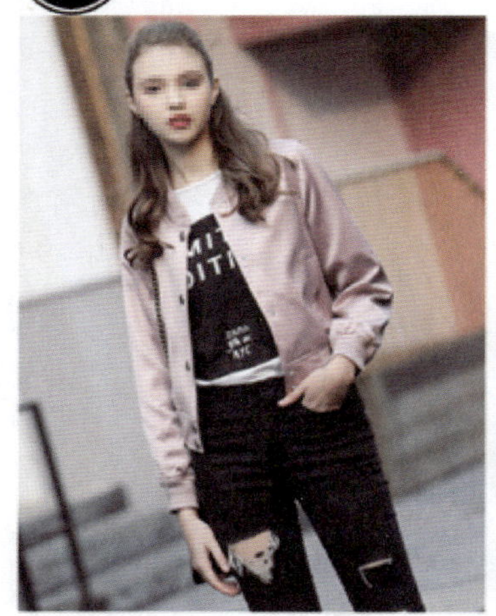

（1）新建一个画布，尺寸为 750 像素 ×750 像素，背景颜色设置为白色。

（2）选中椭圆选框工具，按住 Shift 键绘制正圆，并为其描边。

（3）在菜单栏选择“选择”→“修改”→“收缩命令”，将选区缩小为 5 像素，并填充黑色。

（4）用直线工具绘制直线，然后利用文字工具输入文字，如图 3-2-13 所示。

图 3-2-13　绘制直线并输入文字

（5）打开“项目三—任务 2 实训—素材 3”模特图片素材，将其拖动到“产品信息”下方，调整其大小，如图 3-2-14 所示。

图 3-2-14　将图片素材拖动到“产品信息”下方

（6）选择画笔工具，设置画笔相关参数，绘制虚线，如图 3-2-15 所示。

（7）利用合适的工具制作文字背景，输入描述商品特征的文字，如图 3-2-16 所示。

（8）利用合适的工具制作商品尺码表，输入商品尺码信息，如图 3-2-17 所示。

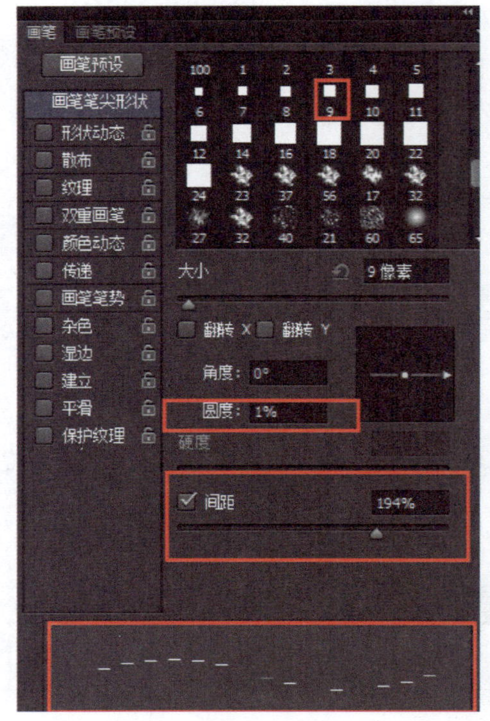


图 3-2-15　绘制虚线

版型指数

| 宽松 | 稍宽松 | 修身 | 紧身 |
|---|---|---|---|

厚度指数

| 薄 | 偏薄 | 适中 | 偏厚 |
|---|---|---|---|

柔软指数

| 柔软 | 偏软 | 适中 | 偏硬 |
|---|---|---|---|

图 3-2-16　输入描述商品特征的文字

| 尺码 | 衣长 | 肩宽 | 胸围 | 袖长 | 摆围 |
|---|---|---|---|---|---|
| S | 49 | 38 | 100 | 56 | 78 |
| M | 50 | 39 | 104 | 57 | 82 |
| L | 51 | 40 | 108 | 58 | 86 |
| XL | 52 | 41 | 112 | 59 | 90 |

温馨提示：全部平铺尺寸为手工测量，因测量方式不同，会有1-3cm的误差，以上数据仅供参考，敬请原谅！

图 3-2-17　输入商品尺码信息

### 3. 商品详情页模板图的设计与制作

为了加快消费者打开网页的速度，需要把商品详情页切成多片，分别上传到图片空间上。

（1）打开“项目三—任务 2 实训—素材 4”模板图片素材。

（2）在本实训中选择水平划分切片。选择切片工具，在图片上单击鼠标左键，打开“划分切片”对话框，参数设置如图 3-2-18 所示。

（3）单击切片工具，将光标移动到图片中黄色的小点上，单击鼠标左键并拖动鼠标，调整切片，如图 3-2-19 所示。

图 3-2-18　“划分切片”对话框　　图 3-2-19　调整切片

（4）完成后，选择文件菜单下“导出”选项中的“存储为 Web 所用的格式”，打开存储文件的对话框，进行文件名和格式设置，如图 3-2-20 所示。

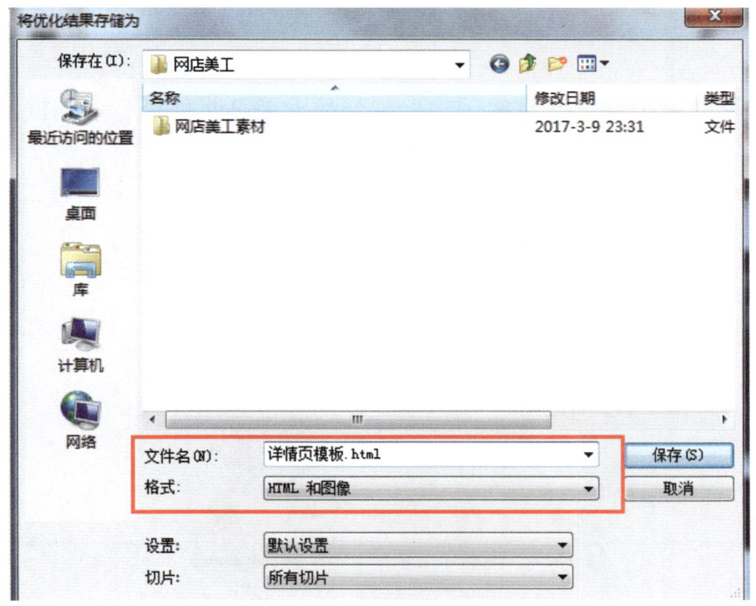


图 3-2-20　进行文件名和格式设置

## 任务评价

请根据表 3-2-1 对本次学习任务完成情况进行评价。

表 3-2-1　学习任务完成情况评价表

| 学习任务 | 商品详情页设计 | | |
|---|---|---|---|
| 项目 | 评价内容 | 配分 | 得分 |
| 知识技能 | 商品详情页中基本信息的内容 | 10 分 | |
| | 商品详情页的内容 | 10 分 | |
| | 商品详情页的作用 | 10 分 | |
| | 商品详情页的设计要求 | 10 分 | |
| | 商品详情页的设计步骤 | 45 分 | |
| 素养 | 按规范执行任务、遵守工作制度的职业素养 | 5 分 | |
| | 严谨、细致的工作态度和团队合作意识 | 5 分 | |
| | 认真工作、刻苦钻研、守正创新等职业意识 | 5 分 | |
| 合计 | | 100 分 | |
| 任务评价 | | | |

## 拓展训练

品质 3C 网店新上架了一款笔记本，现新品上架 9 折促销。请根据图 3-2-21 所示的笔记本商品图片，完成该商品主图设计。

图 3-2-21　笔记本商品图片

**思考与练习**

1. 网店详情页包含的内容有哪些?
2. 网店详情页的设计通常包括哪些步骤?

# 项目四
# 促销活动图片设计

## 项目概述

促销活动图片是一种重要的宣传工具，利用它可以宣传商品和促销活动，从而有效吸引消费者。促销活动图片能够产生强烈的视觉冲击，迅速将相关信息传递给目标消费者。使用促销活动图片的目的在于吸引消费者注意，帮助他们更深入地了解商品，进而对商品产生好感和兴趣。促销活动图片可以有效地激发消费者的购买欲望，增强他们的购买信心，从而使商品销量提升。

## 学习任务 1　网店促销图设计

### 学习目标

- 知识目标

1. 了解网店促销图的分类
2. 熟悉网店促销图的内容
3. 熟知网店促销图的版式类型

- 技能目标

1. 能根据网店促销图的设计步骤设计网店促销图
2. 能为网店促销图设计版式

## 相关知识

网店促销图的核心功能在于有效传播信息，它针对特定商品对目标消费者展开精准推广，商品信息清晰明了，能为消费者提供便捷的购买路径。在网店促销图的制作过程中，商品描述或促销活动信息应简洁、重点突出，视觉效果要引人注目，以充分发挥其作为网店开展促销活动的关键宣传工具的作用。设计合理的网店促销图不仅能吸引消费者的注意力，还能提升促销活动的知名度和消费者参与度，使商品能够精准触达目标消费者，最终实现销售转化，为网店带来经济效益。

### 一、网店促销图的分类

网店促销图一般有整店促销图、单品促销图和活动推广促销图 3 种类型。

#### 1. 整店促销图

整店促销图是指能全面展现网店开展的促销活动的图片，以宣传参与网店活动的品牌为主要目的。在设计整店促销图时要考虑网店的整体色调、风格和商品类目，如图 4-1-1 所示。

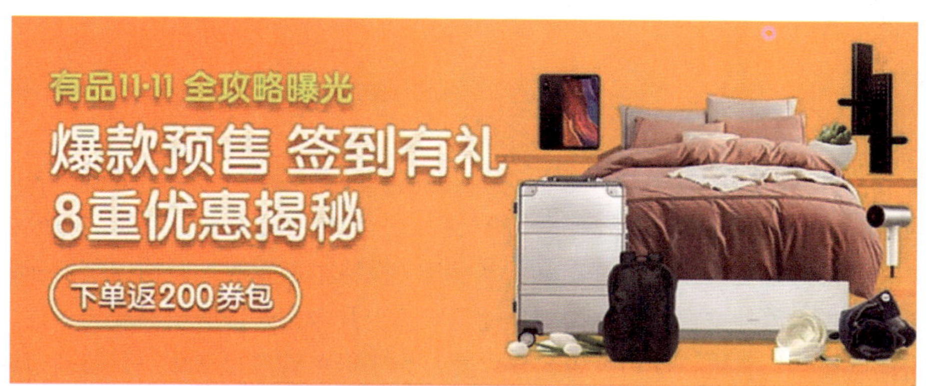


图 4-1-1　整店促销图

#### 2. 单品促销图

单品促销图是指以宣传某一款具体商品的促销活动为主要目的的促销图，在设计单品促销图时要考虑商品的特性、卖点和风格等，如图 4-1-2 所示。

#### 3. 活动推广促销图

活动推广促销图是指以宣传网店日常活动、节日活动为主要目的的促销图。在设计时要标明促销活动开展时间和折扣信息，使图片充满视觉冲击力，如图 4-1-3 所示。

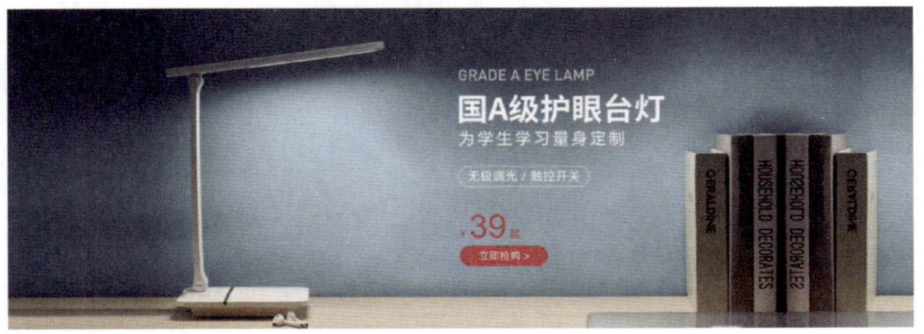


图 4-1-2　单品促销图

图 4-1-3　活动推广促销图

## 二、网店促销图的内容

网店促销图主要由背景、商品图 / 模特图、文案和点缀元素等组成，如图 4–1–4 所示。其中，背景主要用来衬托商品；商品图 / 模特图主要用来装饰促销页面，页面装饰的目的在于填补空白和集中内容，使得版面更加丰富，以吸引消费者关注；文案要突出卖点或促销方式；使用点缀元素主要是为了避免背景过于单一，可通过使用与主题相关的视觉元素来装饰背景。

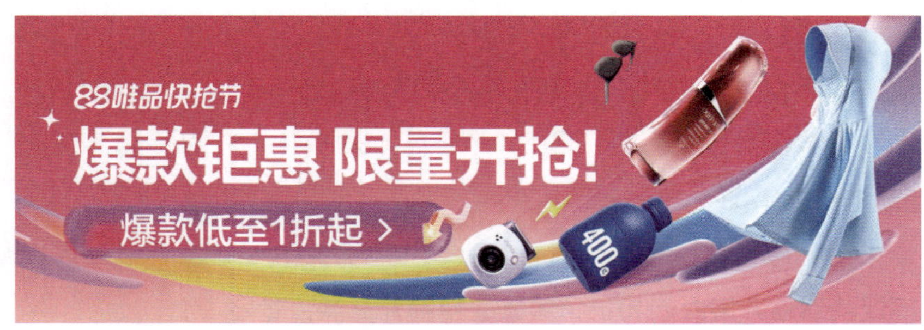

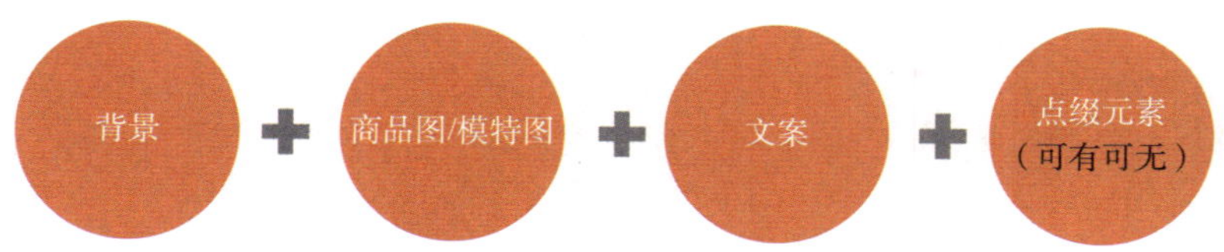


图 4-1-4 网店促销图的组成

## 1. 背景

网店促销图背景的处理方法通常有 3 种：运用色彩、设计纹理和用几何图形点缀。利用这 3 种方法，能够为网店促销图打造立体或微立体的视觉效果。在网店促销图设计的过程中，可以直接构建具有立体感的场景，或者巧妙地运用渐变色来搭建背景，以此增强网店促销图的吸引力和视觉冲击力，如图 4-1-5 所示。网店促销图背景主要有场景背景、颜色背景和图形背景 3 种类型。

图 4-1-5 网店促销图背景

## 2. 商品图 / 模特图

在进行网店促销图设计时，应确保模特图或商品图原来的背景被彻底清除，同时要精心筛选图片，以展现出最符合消费者需求的商品特点。在选择图片时，应注重图片的清晰度和美观度，同时要确保商品特征能够被准确地突显出来。利用精心挑选和优化处理过的图片，可以打造更加吸引人、符合消费者期望的商品展示效果，如图 4-1-6 所示。

图 4-1-6　商品图

**3. 文案**

促销图借助文案传递信息，因此文案必须简洁明了、言简意赅。在设计促销图的过程中，通常会将文字放大或加粗，以突出显示其内容，从而吸引消费者的目光，提升促销效果，如图 4-1-7 所示。

图 4-1-7　文案

**4. 点缀元素**

点缀元素一般有标签、实物图或图案、几何图形等，如图 4-1-8 所示。对于几何图形，可通过不同的属性设置来使其呈现多样性，如为其设置描边、填充样式等。几何图形点缀有扁平化点缀与超写实点缀之分。

图 4-1-8　点缀元素

## 三、网店促销图的版式

促销图常见的版式有 3 种：左文右图、左图右文、两边图中间文字。

### 1. 左文右图

左文右图的版式设计非常经典，一般将文字置于画面左侧，图片置于画面右侧，能给人一种视觉上的平衡感。图 4-1-9 所示是某经营家用电器的网店的促销图，文字排在左侧，图片集中排在右侧，文字上排粗下排细，上排大下排小，上下主次分明，形成对比；文案排版四四方方，架构非常稳固，给人以很强的平衡感。

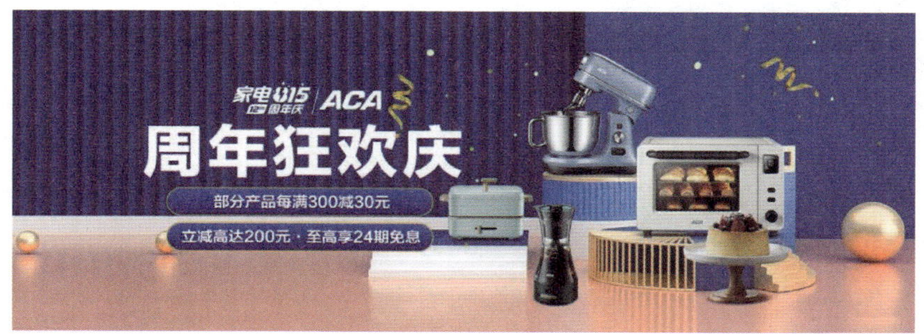


图 4-1-9　左文右图

### 2. 左图右文

采用这种方式排版，一般将图片放在画面左侧，文字放在画面右侧。采用这种方式设计网店促销图，有助于通过商品图片快速吸引消费者，如图 4-1-10 所示。

### 3. 两边图中间文字

采用两边图中间文字的排版方式设计网店促销图时，图片以不同的大小和位置呈

现，有助于打造画面的空间感，通常一侧放置商品的近景图，另一侧放置商品的远景图，以产生层次感，如图 4–1–11 所示。

图 4–1–10 左图右文

图 4–1–11 两边图中间文字

## 四、网店促销图的设计步骤

### 1. 确定网店促销图的尺寸

各类电商平台一般对网店促销图的规格有一定的要求，以确保图片在不同设备和场景下都能正常显示，给消费者更好的浏览体验和购物体验。例如，在淘宝平台中，网店促销图的宽度一般为 750 像素、950 像素、1 920 像素等，其高度各个网店可根据需求自行调整。因此，在网店促销图设计前，应先了解平台要求，根据平台要求和活动规模确定网店促销图的尺寸。

### 2. 确定网店促销图的配色

（1）确定网店促销图的设计目的。在设计网店促销图前，要明确网店促销图的设计目的，即明确促销活动的目的，比如提高销量、推广新品、清理库存等，然后根据

促销活动的目的确定目标消费者。

（2）确定网店促销图的色调。在确定网店促销图的色调前，可通过查看行业内竞争对手或类似商品的促销图，了解行业趋势和流行配色，也可通过浏览时尚杂志、设计网站、社交媒体等收集与品牌调性、商品特点相关的色彩灵感。

在充分收集信息的基础上，可根据品牌识别色、商品颜色或网店季节主题，选择一个或几个主色调，然后在遵循色彩搭配原则的基础上，选择一些辅助色，如对比色、邻近色、互补色等，以强调重点信息、划分区域或增加层次感。

（3）设计文字的颜色。要根据背景色选择文字颜色，以确保文字清晰可读。文字颜色与背景色的对比应足够强烈，要避免使用过于接近或难以区分的颜色组合。

### 3. 确认促销文案

在开始设计文案之前，首先要明确促销的目的，如提高销量、推广新品、清理库存等，这将决定文案的基调和内容。其次，要找出商品或服务的核心卖点，即那些能够吸引消费者购买的特点和优势。这些卖点或优势应该是独特且具有吸引力的。最后，要设计简洁明了的文案。消费者通常没有太多时间来阅读冗长的文案，所以要在有限的字数内传达出最重要的信息。

#### 实训 1：制作经营化妆品的网店的整店促销图

在本次实训中，要制作整店促销图。在制作时，需要先制作促销图背景，包括制作背景颜色和点缀元素等，然后在其上添加商品图和模特图，最后添加促销文字，最终效果如图 4-1-12 所示。

图 4-1-12　经营化妆品的网店的整店促销图

## 1. 制作网店促销图背景

（1）新建一个画布，尺寸为 950 像素 ×400 像素，其余参数保持默认设置。

（2）打开“渐变编辑器”对话框，设置渐变色参数，左边色为“ee80b1”，中右边色为“f1a8c6”，如图 4-1-13 所示。

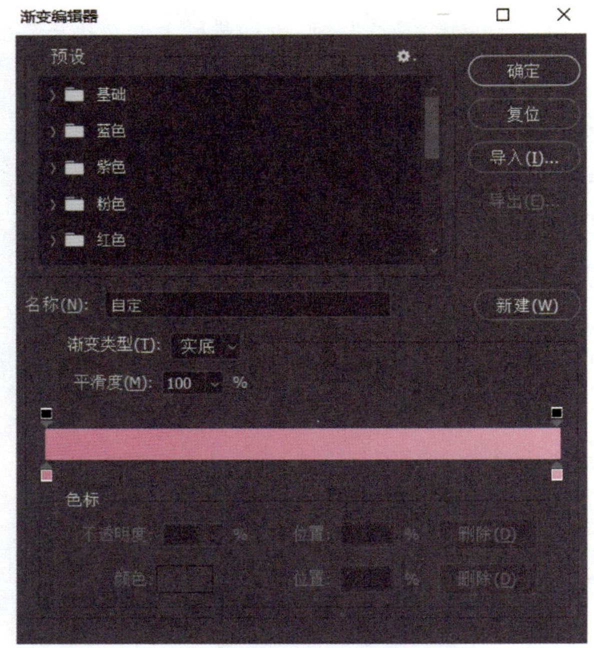


图 4-1-13 设置渐变色参数

（3）选择径向渐变，在画布中间进行拖动，背景填充效果如图 4-1-14 所示。

图 4-1-14 背景填充效果

（4）用矩形工具绘制正方形，新建图层并进行描边设置，如图 4-1-15 所示。

（5）利用 Ctrl+T 组合键，对绘制的正方形边框进行旋转变换，如图 4-1-16 所示。

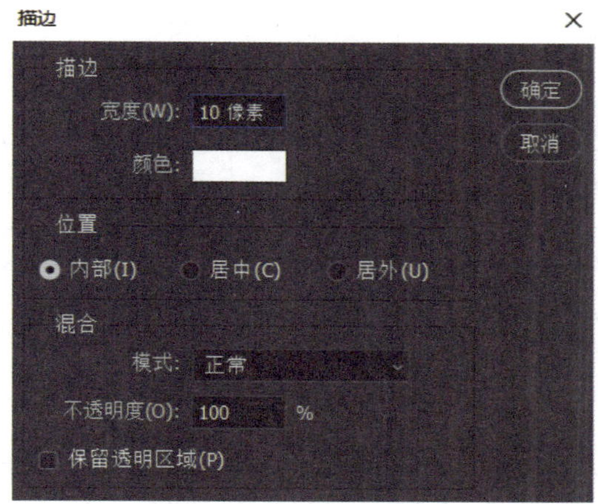


图 4-1-15　描边设置

图 4-1-16　旋转变换后的正方形边框

（6）用同样的方法绘制其余的矩形边框，如图 4-1-17 所示。

图 4-1-17　绘制其余的矩形边框

## 2. 添加商品图和模特图

（1）打开“项目四—学习任务 1 实训 1—素材 1”图片素材。

（2）用抠图工具将素材 1 中的商品图抠出并拖动到背景图中，调整其位置，如图 4-1-18 所示。

图 4-1-18　将素材 1 拖动到背景图中

（3）用同样的方法，依次将“项目四—学习任务 1 实训 1—素材 2”“项目四—学习任务 1 实训 1—素材 3”图片素材中的商品图、模特图抠出并拖动到背景图中，如图 4-1-19 所示。

图 4-1-19　将素材 2、素材 3 中的商品图、模特图抠出并拖动到背景图中

### 3. 添加促销文字

（1）选择文字工具，输入宣传标语“2023 春季”“新品上市”；绘制矩形框，颜色设置为“9c3668”，放置到“新品上市”的下层，如图 4-1-20 所示。

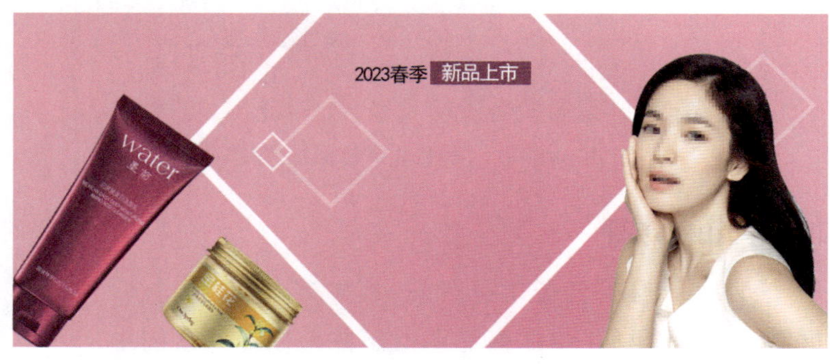


图 4-1-20　输入宣传标语

（2）输入剩余促销文字，如图 4-1-21 所示。

图 4-1-21　输入剩余促销文字

**实训 2：制作运动鞋单品促销图**

在本次实训中，制作单品促销图时要注意突出促销运动鞋商品的特点和卖点，使促销图能充分吸引消费者，提升商品的点击率。首先，要制作促销图背景，然后在背景图上添加商品图，最后添加促销文字和点缀元素，如图 4-1-22 所示。该促销图采用了左文右图的版式，强调了该商品促销活动的力度；背景颜色为墨蓝色，充满科技感；文字颜色与背景色形成鲜明的对比，重点突出。

图 4-1-22　运动鞋单品促销图

**1. 制作促销图背景**

（1）新建一个画布，尺寸为 1 920 像素 ×630 像素，其余参数保持默认设置。

（2）分别绘制 2 个矩形，然后将两个矩形拼接在一起，上方矩形的填充颜色设置为“3a5274”，下方矩形的填充颜色设置为“334768”，如图 4-1-23 所示。

图 4-1-23 绘制 2 个矩形

## 2. 拖入商品图片

打开“项目四—学习任务 1 实训 2—素材”，用抠图工具将商品图抠出并拖动到背景图中，然后调整其位置，如图 4-1-24 所示。

图 4-1-24 用抠图工具将商品图抠出并拖动到背景图中

## 3. 输入促销文字

先制作文字背景，然后选择文字工具，输入文字，对文字进行排版和颜色设置，如图 4-1-25 所示。

图 4-1-25 输入文字

#### 4. 制作点缀元素

制作左右侧的点缀线条，如图 4-1-26 所示。

图 4-1-26　制作左右侧的点缀线条

请根据表 4-1-1 对本次学习任务完成情况进行评价。

表 4-1-1　学习任务完成情况评价表

| 学习任务 | 网店促销图设计 | | |
|---|---|---|---|
| 项目 | 评价内容 | 配分 | 得分 |
| 知识技能 | 网店促销图的分类 | 25 分 | |
| | 网店促销图的内容 | 25 分 | |
| | 网店促销图的版式 | 20 分 | |
| | 网店促销图的设计步骤 | 15 分 | |
| 素养 | 按规范执行任务、遵守工作制度的职业素养 | 5 分 | |
| | 严谨、细致的工作态度和团队合作意识 | 5 分 | |
| | 审美意识，鉴赏、辨别能力 | 5 分 | |
| 合计 | | 100 分 | |
| 任务评价 | | | |

## 拓展训练

品质 3C 网店新上架一款耳机，需要在网店首页进行轮播展示，现新品上架 9 折促销。请根据图 4-1-27 所示的耳机商品图片，完成单品促销图的设计。

图 4-1-27　耳机商品图片

**思考与练习**

1. 网店促销图由哪些元素组成?
2. 简述网店促销图的设计步骤。

# 学习任务 2　活动海报设计

- 知识目标

1. 了解活动海报的类型
2. 熟知活动海报的设计元素

- 技能目标

1. 能根据活动海报的设计步骤设计活动海报
2. 能掌握限时抢购活动海报的设计方法

活动海报是一种引人注目的广告形式。在举办促销活动时，若辅以精美的海报，将能显著提升网店的曝光度。这种视觉冲击力强的宣传载体，不仅能够轻松捕获消费者的目光，还能有效引导他们进入网店，深入了解网店商品的详细信息和各类促销活动。因此，巧妙地运用活动海报，是网店传递信息、扩大影响力以及增加客流量的有效途径。

## 一、活动海报的类型

网店活动海报的种类多种多样，每种海报都有其独特的设计风格和宣传目的。以下是一些常见种类的网店活动海报。

### 1. 常规活动海报

这类活动海报设计中规中矩，通常采用长方形布局，内容清晰明了，一般包括活动主题、活动时间、商品折扣等信息。这类活动海报适用于宣传各种常规促销活动，如打折活动、满减活动、满赠活动等，如图 4–2–1 所示。

图 4–2–1　常规活动海报

### 2. 异型活动海报

与常规活动海报不同，异型活动海报的边缘不规则，布局较为特殊，更具创意和吸引力。这类活动海报适用于宣传一些主题较为特别或需要突出创意的促销活动。

### 3. 详情页活动海报

这类活动海报通常放置在商品详情页的上方，其设计既要具有吸引力，又要与详情页整体风格保持统一。详情页活动海报可以针对具体商品促销活动进行促销宣传，如限时秒杀、新品上市等，如图 4–2–2 所示。

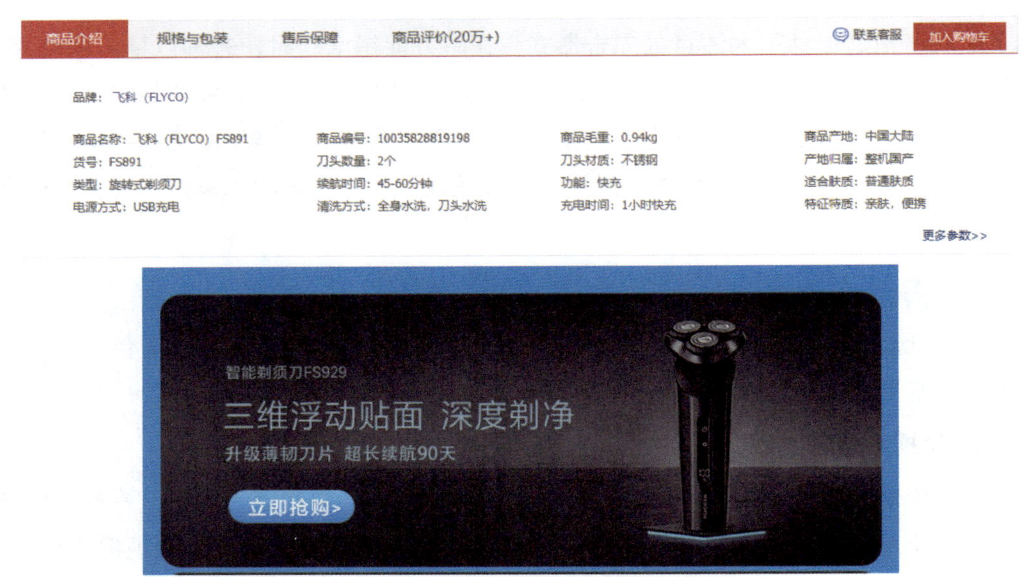


图 4–2–2　详情页活动海报

### 4. 微淘活动海报

微淘活动海报是一种被切割成九宫格的视觉海报，每张图对应不同的商品页面。这类活动海报适用于需要在短时间内展示多个商品或活动的场景。

除了以上几种类型，还有针对特定活动设计的活动海报，如店庆活动海报、节日活动海报等。这些活动海报在设计风格和内容上会更加贴近活动主题，以营造出相应的氛围。例如，店庆活动海报可能会采用喜庆的色彩和元素，强调网店的辉煌发展历程，并表达对顾客的感恩和回馈；节日活动海报则会根据节日特点进行设计，如圣诞节海报设计可能会使用圣诞树、雪花等元素。

## 二、活动海报的设计元素

### 1. 活动海报的主题

在设计活动海报前，要根据活动信息设计海报的主题，无论是新品上市、限时秒杀还是其他促销活动，都应该在海报上得到明确的体现。这样，当消费者看到海报时，就能迅速捕捉到活动的核心信息，了解活动的目的和亮点。随后，他们才会更有兴趣进一步浏览网店的商品，甚至产生购买冲动。因此，在设计活动海报时，必须确保用于推广宣传的文字信息和图片等清晰明了，同时确保这些信息能够迅速传达给消费者，

从而有效地提升活动效果。

### 2. 活动海报的配色

活动海报的配色对网店的推广效果具有显著影响，应紧密结合活动主题制定海报的配色方案。具体而言，不同的活动主题应配以相应的色彩组合，以确保海报能够精准传达活动信息，同时避免因配色不当而导致海报整体视觉效果受损。为海报制定与主题相契合的配色方案，可以有效提升海报的吸引力和信息传达效果，从而助力网店的推广活动取得最佳成效。

（1）同色搭配。即采用同一色相但明度或纯度不同的色彩进行搭配，通过这种变化进行对比，这种组合常被称为同类色组合。例如，将蓝色与浅蓝色搭配，或者将绿色与粉绿色、墨绿色搭配。采用这种搭配方式设计的活动海报在视觉上既统一又富有层次感，整体给人一种文静、雅致、含蓄且稳重的感觉。通过这种微妙的色彩变化，可以营造出和谐而又不失活力的视觉效果，如图 4–2–3 所示。

图 4–2–3 同色搭配

（2）邻近色搭配。将色相环上相邻的 2～3 个颜色进行搭配、对比，色相之间距离大约为 30 度左右，这种对比被归类为弱对比类型。例如，红橙与橙、橙与黄橙等色相之间的对比，能够带来柔和、和谐、雅致以及文静的视觉效果。然而，这种弱对比也可能使画面显得单调、模糊、乏味和无力。为了增强视觉效果，可以调整这些颜色之间的明度差，以使画面更加生动有力，同时保持其原有的柔和与和谐感，如图 4–2–4 所示。

（3）对比色搭配。这些颜色色相之间的距离约为 120 度，例如黄绿与红紫色的对比。这种对比效果强烈、醒目且有力，能够给人带来活泼、丰富的视觉感受。然而，其对比过于鲜明，也可能导致视觉上显得杂乱和刺眼，甚至使人产生视觉疲劳，从而影响海报整体效果的和谐统一。为了改善这种强烈的对比效果，通常需要运用多种调和手段，如调整色彩饱和度、明度或使用中性色进行过渡等，以实现更为和谐统一的视觉效果。通过利用这些调和手段，可以在保留强对比效果带来的活力和丰富性的同时，降低其可能带来的视觉不适感，使海报设计更易于被人们接受和欣赏，如图 4–2–5 所示。

图 4–2–4　邻近色搭配

图 4–2–5　对比色搭配

### 3. 活动海报的版式

对活动海报进行排版是指确定活动海报中各个元素的位置和排列方式，良好的排版能够提高海报的信息传达效果。在进行排版时，首先要做到突出主题，然后将其他设计元素分层次排列好，最后要注意保持画面简洁、清晰，避免出现过度装饰或信息过载的情况，要适当地留出一些空白。

#### 4. 活动海报的文字

网店活动海报上的所有文字的设计要围绕着同一个关键信息，并且要简洁明了。在视觉上，文字也需要是一个小的整体，不能散落在画面的各个部位。另外，还要注意不要选择一些过于生僻的字词。

### 三、活动海报的设计流程

一张活动海报从开始设计到定稿，一般要经过以下 7 个步骤，如图 4-2-6 所示。

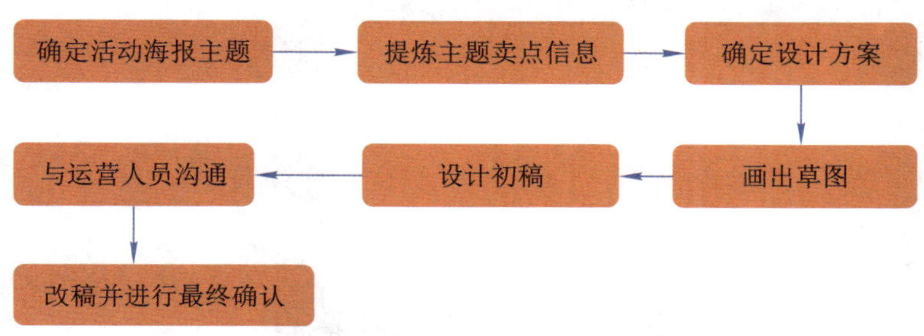


图 4-2-6　活动海报设计流程

#### 实训：限时抢购活动海报设计

在本次实训中，制作活动海报时需要先制作海报背景，海报背景以红色为主色，搭配黄色，以吸引消费者的注意力；在黄色背景上添加红色的文字以形成对比，如图 4-2-7 所示。

图 4-2-7　限时抢购活动海报

（1）新建一个画布，尺寸为 950 像素 ×500 像素，其余参数保持默认设置。

（2）选中矩形工具，绘制一个矩形，如图 4-2-8 所示。

图 4-2-8　绘制一个矩形

（3）选中矩形图层，按住 Ctrl+J 组合键进行复制，复制多份，如图 4-2-9 所示。

图 4-2-9　复制矩形

（4）选择移动工具，选中其中任意一个图层并移动它的位置，如图 4-2-10 所示。

图 4-2-10　选中其中任意一个图层并移动它的位置

（5）选中所有的矩形图层，然后选择移动工具，在其工具栏选择“平均分布”，如图 4-2-11 所示。

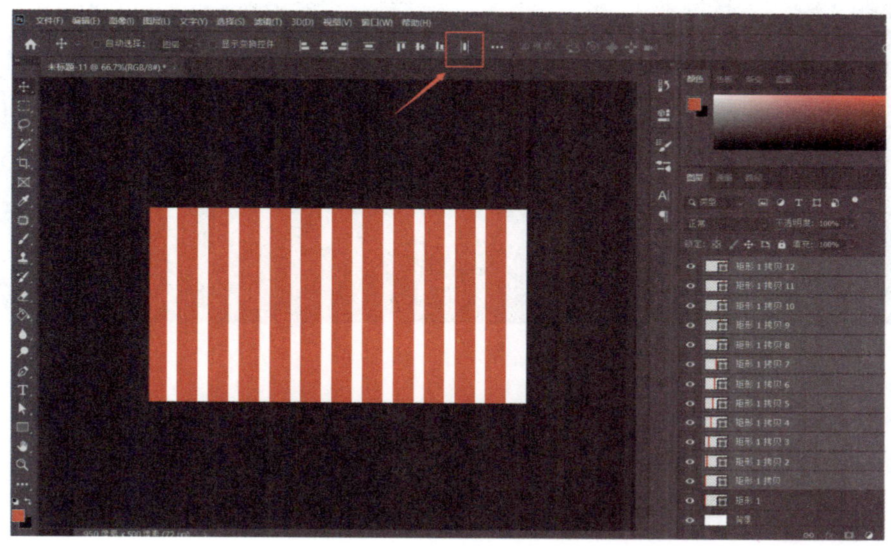

图 4-2-11　使矩形图层平均分布

（6）将所有矩形图层进行栅格化处理，然后按住 Ctrl+E 组合键进行图层合并，如图 4–2–12 所示。

图 4–2–12　合并图层

（7）执行“滤镜—扭曲—极坐标”命令，如图 4–2–13 所示。

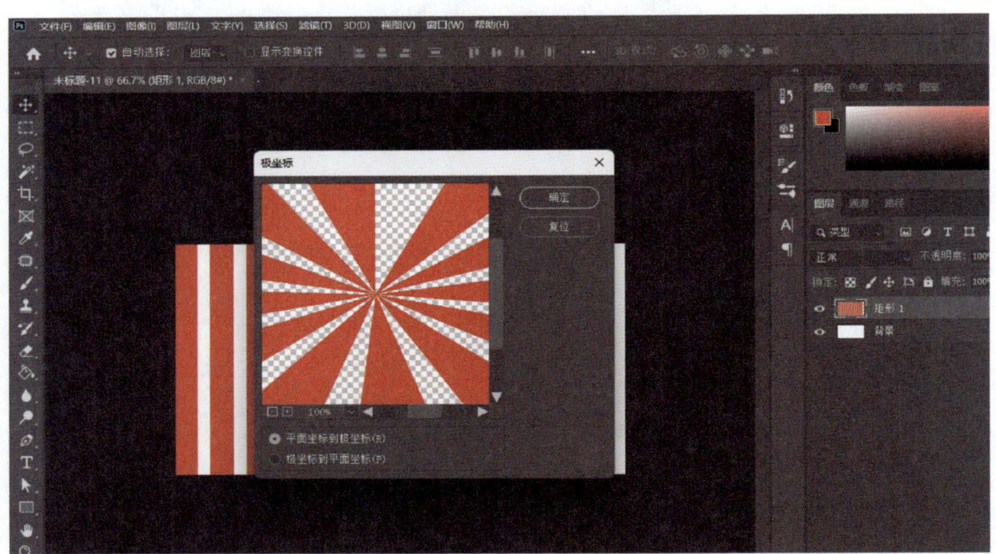


图 4–2–13　极坐标

（8）填充背景，颜色设置为“#af0b05”，如图 4–2–14 所示。

（9）选择椭圆工具，绘制圆形，填充颜色设置为“#”，如图 4–2–15 所示。

（10）打开“项目四—学习活动 2 实训—素材 1”文字图片素材，用抠图工具将文字抠出并拖动到背景图中，然后调整其摆放位置，如图 4–2–16 所示。

图 4-2-14　设置背景色

图 4-2-15　绘制圆形并填充颜色

图 4-2-16　将文字抠出并拖动到背景图中

（11）绘制圆角矩形，输入优惠信息文字，如图 4-2-17 所示。

图 4-2-17　输入优惠信息文字

（12）打开“项目四—学习活动 2 实训—素材 2”喇叭素材图片，用抠图工具将喇叭抠出并拖动到合适的位置即可。

## 任务评价

请根据表 4-2-1 对本次学习任务完成情况进行评价。

表 4-2-1　学习任务完成情况评价表

| 学习任务 | 活动海报设计 | | |
|---|---|---|---|
| 项目 | 评价内容 | 配分 | 得分 |
| 知识技能 | 活动海报的类型 | 25 分 | |
| | 活动海报的设计元素 | 35 分 | |
| | 活动海报的设计流程 | 25 分 | |
| 素养 | 按规范执行任务、遵守工作制度的职业素养 | 5 分 | |
| | 严谨、细致的工作态度和团队合作意识 | 5 分 | |
| | 审美意识，鉴赏、辨别能力 | 5 分 | |
| 合计 | | 100 分 | |
| 任务评价 | | | |

## 拓展训练

年货节要到了，收集相关素材，利用中国传统文化元素，完成年货节活动海报的设计。活动海报要能营造喜庆、祥和的氛围，吸引消费者的目光。

思考与练习

1. 活动海报的类型有哪些?
2. 活动海报的设计元素有哪些?

# 项目五
# 网店首页综合实训

## 项目概述

在本项目中，主要学习PC端网店首页和移动端首页的设计方法。网店首页需要有合理清晰的信息结构，能引导消费者的购买行为。虽然很多消费者都是通过商品详情页进入网店的，但是消费者如果对网店商品感兴趣，就会回到网店首页，慢慢浏览网店的商品，再做出购买决策。

## 学习任务1　PC端网店首页设计

### 学习目标

- **知识目标**

1. 了解网店首页的分类
2. 熟悉PC端网店首页框架
3. 掌握PC端网店首页设计要点

- **技能目标**

1. 能对网店定位进行分析
2. 能掌握PC端网店首页的设计方法

## 相关知识

网店首页是消费者进入网店时的首个视觉触点，其重要性不言而喻。一个设计合理的网店首页不仅能充分展现网店的独特气质和核心价值，还能承担流量分发与内容整合的任务。精心设计过的网店首页和首页呈现的视觉元素，可以大大提升消费者对网店的好感度，进而吸引更多消费者关注网店。此外，一个设计合理的网店首页还能通过精准的商品推荐和引导，有效提高商品的转化率，为网店带来可观的经济效益。因此，在打造网店形象时，首页设计无疑是至关重要的一环。

### 一、网店首页的分类

#### 1. 按内容不同分类

网店首页按内容不同可分为日常首页和活动首页。日常首页主要侧重于网店形象的展示、新品的推广以及根据季节变化进行的主题调整，旨在呈现品牌特色、更新商品及为消费者带来与时俱进的购物体验。而活动首页则专注于促销活动的推广，通过醒目的设计和诱人的优惠信息，吸引消费者参与网店活动，从而推动销售增长。这2类首页各有长处，共同构成了网店丰富多样的内容体系。

#### 2. 按展示平台不同分类

网店首页按展示平台不同可分为PC端（电脑端）网店首页和移动端（手机端）网店首页。虽然两者在核心内容和功能上保持一致，但它们的尺寸、布局却存在显著差异。为了适应不同展示平台的显示效果，在首页设计时需要对首页内容进行针对性的调整。同时，随着移动互联网的迅猛发展，越来越多的消费者倾向于使用手机进行网购，因此，对移动端网店首页的设计和优化显得尤为重要。

#### 3. 按设计风格不同分类

网店首页按设计风格不同可分为排版类网店首页（饰品/服饰）、手绘类网店首页（食品/母婴/美妆）、C4D类网店首页（母婴/美妆/家电/数码）、合成类网店首页（厨具/酒/保健品）等。

### 二、PC端网店首页的框架

网店首页作为访问域名的初始界面，不仅是整个网店导航索引和商品陈列的展示窗口，更是网店的流量入口。为了吸引消费者的目光并引导他们深入探索网店，网店运营人员要特别关注其首页的设计。只有当消费者被吸引并点击链接进入商品详情页时，流量才能产生，而流量越高，消费者下单的可能性也越大，最终实现商品转化的可能性也就越大。

在设计 PC 端网店首页时，可以运用形状构图来创造视觉焦点，以吸引消费者。此外，在页面上布置形状元素，还能很好地营造活动的氛围，激发消费者的购买欲望。在营造氛围的过程中，要特别关注首页周边的视觉处理，以确保消费者能够通过首页直观地感受到活动主题或网店的风格。

为了实现最佳的设计效果，首页的主题风格和色彩设计需要保持高度统一。这种统一不仅有助于提升首页的美感，还能更好地凸显设计的重点和目的。一般来说，PC 端网店首页的核心模块通常包括页头模块、轮播海报模块、商品分类模块、商品展示模块以及页尾模块等。通过这些模块的有机结合，可以构建出一个既美观又实用的网店首页，为消费者带来愉悦的购物体验，如图 5-1-1 所示。

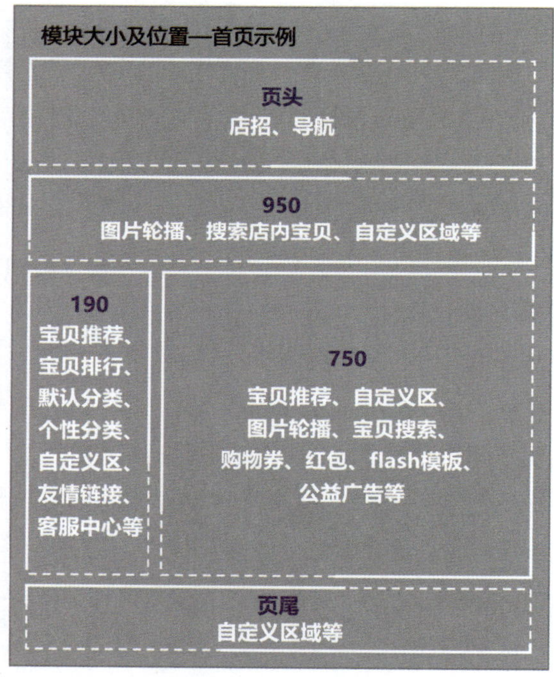


图 5-1-1　网店首页的各个模块

## 三、PC 端网店首页的色彩搭配

PC 端网店首页的色彩搭配至关重要，搭配合理的色彩能够发挥出意想不到的作用。由于每种颜色所表达的情感各不相同，在设计 PC 端网店首页时应精心制定色彩的搭配方案。通过巧妙地增加色彩的层次感，可以让首页更具表现力和吸引力，从而为消费者带来愉悦的购物体验。因此，合理的色彩搭配是提升 PC 端网店首页视觉效果和用户体验的关键因素之一。

## 四、PC 端网店首页的设计原则

### 1. 图片为主，文案为辅

要用图片来吸引消费者，并以简洁明了的方式呈现关键信息。同时，要选择醒目、规范且有气派的字体来突显网店主题，也可以采用英文来点缀，以增添首页设计的多样性。此外，还要运用鲜明且搭配协调的色彩，为消费者带来强烈的视觉冲击，从而吸引他们的注意力并提升他们的视觉体验。

### 2. 保持信息元素之间的间距

可用主标题、副标题、附加内容相结合的形式展示商品的主要信息，采用三段式排版，使段间距大于行间距，在页面的上下左右适当地留白，以便消费者迅速关注到重点内容，实现快速阅读。

### 3. 文案使用的字体不超过 3 种

采用不同的字体能提升文案的设计感和阅读感，清晰展示文案内容的主次关系，但是为了不让页面显得凌乱，文案使用的字体最好不要超过 3 种。

### 4. 页面色彩种类不宜过多

首页配色讲究协调，协调的配色能让信息传递的氛围更加和谐。因此，首页采用的色彩种类不要过多，强调重要的信息时可以使用高亮的颜色。

### 5. 做好留白处理

当需要突出的重点信息较多时，页面可能被填充得过满，为了减轻消费者的阅读压力，在设计过程中需要注意页面的留白。留白能让设计的档次有一定的提升，营造出一种宽松自如的氛围，从而减轻消费者阅读的压力。

### 6. 背景、文案、商品信息要实现和谐、统一

在首页中，设计合理的背景、优秀的文案、醒目的商品信息是必须具备的，而且这三者还要和谐地搭配在一起。背景要尽量简洁，能突出文案与商品信息，而文案与商品信息要尽可能地重点突出，这样消费者才能快速获取相关信息。

以艾美时尚潮流女包网店首页为例，完成 PC 端网店首页页头、页面、页尾等模块部分区域的设计。艾美时尚潮流女包 PC 端网店首页如图 5-1-2 所示。

图 5-1-2　艾美时尚潮流女包 PC 端网店首页

## 实训 1：分析艾美时尚潮流女包网店定位

该网店专注于经营高品质时尚个性女包，在经典设计中寻找突破口，让女包具有独特风格，散发迷人的魅力。

### 1. 产品定位

根据网络消费者的年龄特点和商品特点，将目标消费者定位于 23～35 岁的时尚女性。因为这个年龄层的女性不仅具有一定的经济实力，追求时尚，而且很注重品牌，对于中高价位商品有较好的接受能力。

### 2. 价格定位

根据商品的目标消费人群，将价格定在 100～300 元，这符合这个年龄层次女性的消费承受能力。

### 3. 色彩定位

女包类网店一般装修得比较华丽、女性化，充满女性化的页面中紫色和品红是色彩主角，粉色和绿色也是常用的颜色。在选用颜色时要先定一种颜色为主色调，第二种颜色一般用得较少，第三种则用得更少，页面中的颜色建议不超过 5 种。色调接近的颜色不会产生冲突，组合在一起可以给人以协调感、平和感。图 5–1–3 所示是女包网店色彩搭配方案。

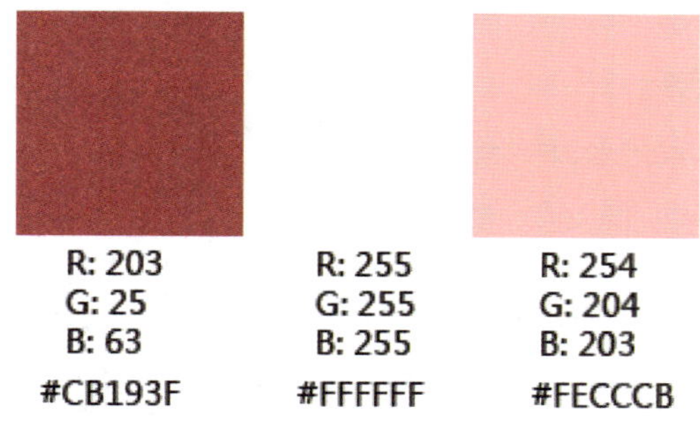


图 5–1–3　女包网店色彩搭配方案

## 实训 2：页头模块设计

### 1. 绘制女包网店店标

店标效果如图 5–1–4 所示。

（1）输入英文字母“A”，对其进行栅格化处理并设置颜色，如图 5–1–5 所示。

（2）绘制路径，如图 5–1–6 所示。

（3）设置画笔大小，然后对路径进行描边处理，并在打开的“描边子路径”对话框中勾选“模拟压力”，如图 5–1–7 所示。

图 5-1-4　店标效果图

图 5-1-5　对英文字母进行栅格化处理

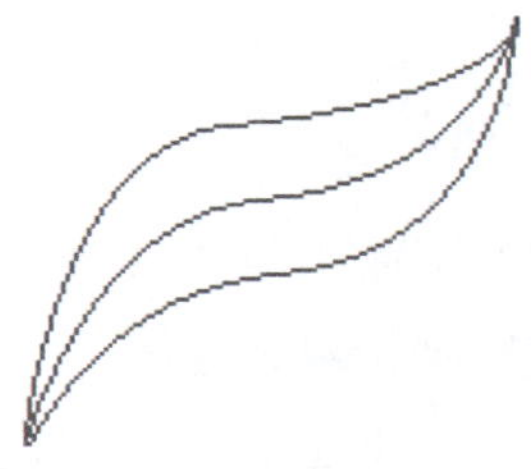

图 5-1-6　绘制路径

图 5-1-7　勾选“模拟压力”

（4）利用横排文字工具为店标添加网店名称和网店经营品类，然后调整文字效果和颜色，完成店标设计。

**2. 制作女包网店店招**

店招设计效果如图 5-1-8 所示。

图 5-1-8　店招效果图

（1）新建一个空白画布，尺寸为 950 像素 ×120 像素，然后打开“项目五—学习任务 1 实训 2—素材 1”背景图片素材。

（2）插入店标，调整其大小和位置，如图 5-1-9 所示。

图 5-1-9　插入店标

（3）插入“项目五—学习任务 1 实训 2—素材 2”“项目五—学习任务 1 实训 2—素材 3”“项目五—学习任务 1 实训 2—素材 4”商品图片素材，调整其大小并进行描边处理，如图 5-1-10 所示。

图 5-1-10　插入商品图片素材

（4）绘制圆形图标，填充颜色设置为“#e670a3”，利用自定义形状工具绘制圆形图标上的图形，并用画笔绘制分隔图标的竖线，输入对应文字，如图 5-1-11 所示。

图 5-1-11　绘制圆形图标

（5）利用合适工具完成宣传标语部分制作即可。

### 实训 3：页面模块设计

#### 1. 女包网店商品分类图标设计

其中一个商品分类图标设计效果如图 5-1-12 所示。

（1）新建一个宽度为 160 像素、高度为 50 像素的空白画布。

（2）新建图层 1，用形状工具绘制图形，如图 5-1-13 所示。

图 5-1-12　商品分类图标设计效果图

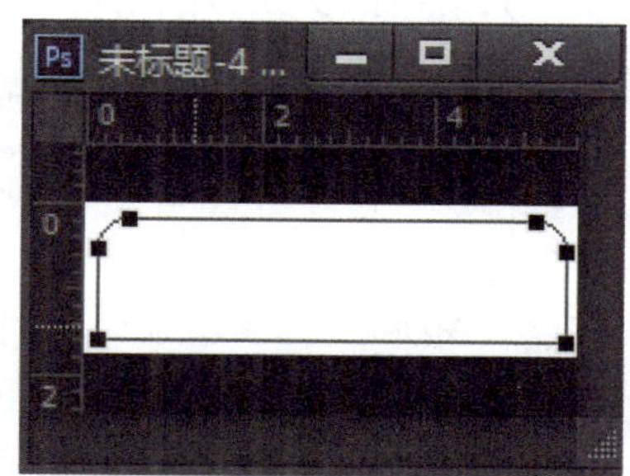


图 5-1-13　绘制图形

（3）新建图层 2，使用钢笔工具绘制路径，如图 5-1-14 所示。

（4）将路径转换为选区，使用渐变工具从上向下拖动鼠标，填充色设置为白色到透明的渐变色，如图 5–1–15 所示。

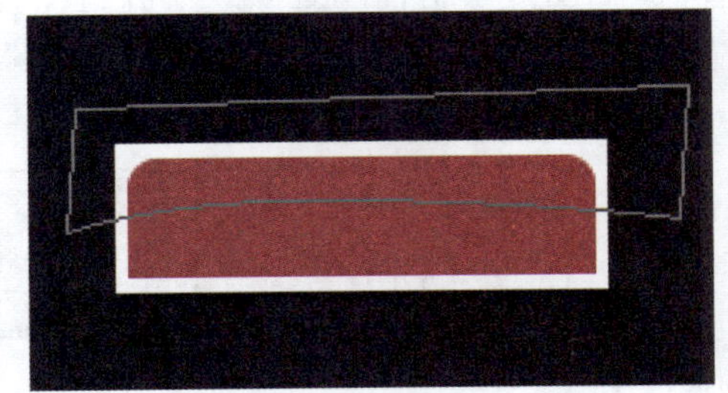
图 5-1-14 绘制路径

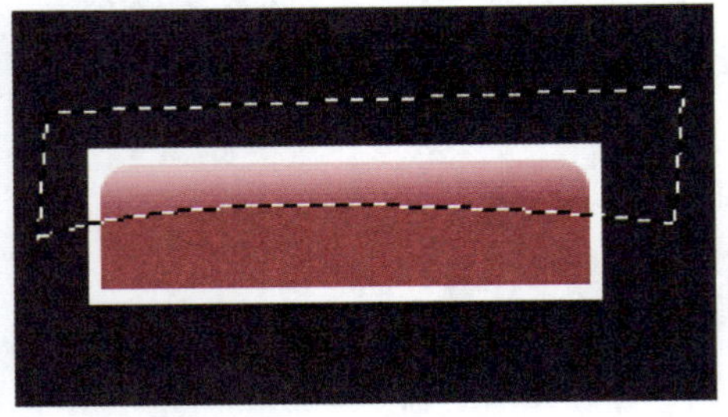
图 5-1-15 设置渐变效果

（5）取消选区，执行“菜单—图层—创建剪切蒙版”命令，如图 5–1–16 所示。

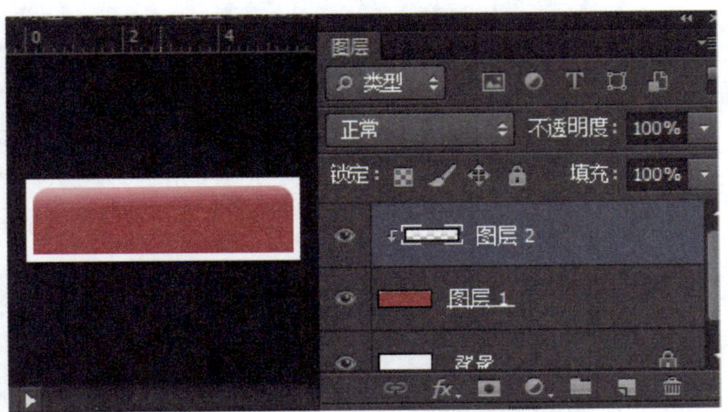

图 5-1-16 创建剪切蒙版

（6）输入文字，完成其中一个商品分类图标设计。按以上步骤，完成其他商品分类图标设计。

**2. 女包网店轮播广告设计**

轮播广告设计效果如图 5–1–17 所示。

（1）新建一个宽度为 950 像素、高度为 500 像素的空白画布，背景色设置为“#f9e2ea”。

（2）用矩形工具创建 6 个小的矩形选区并填充颜色，颜色设置为“#f6bcd4”，如图 5–1–18 所示。

（3）用钢笔工具绘制不规则图形并填充颜色，颜色设置为“#f9649b”，如图 5–1–19 所示。

（4）将“项目五—学习任务 1 实训 3—素材”商品图片素材抠出并拖动到背景图中，如图 5–1–20 所示。

图 5-1-17　轮播广告设计效果图

图 5-1-18　创建矩形选区并填充颜色

图 5-1-19　绘制不规则图形

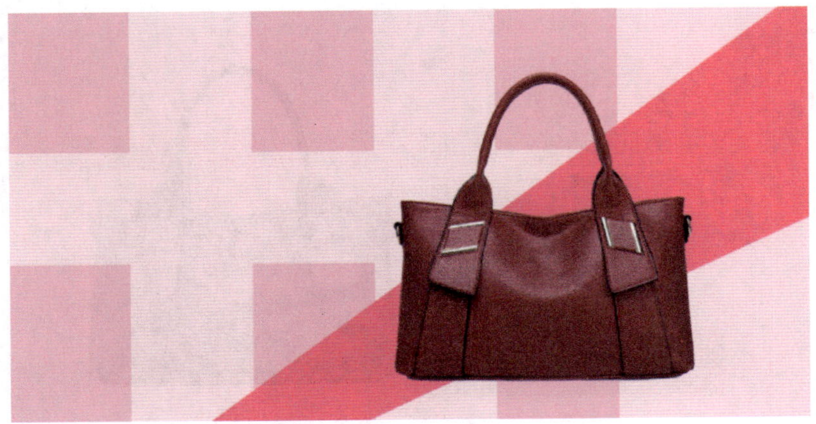

图 5-1-20　将商品图片素材抠出并拖动到背景图中

（5）制作促销方案背景，然后输入促销文案、绘制装饰图形并进行排版，如图 5-1-21 所示。

缤纷
FASHION
头层牛皮
时尚
轻奢从容　优雅灵动
正在疯抢＞＞

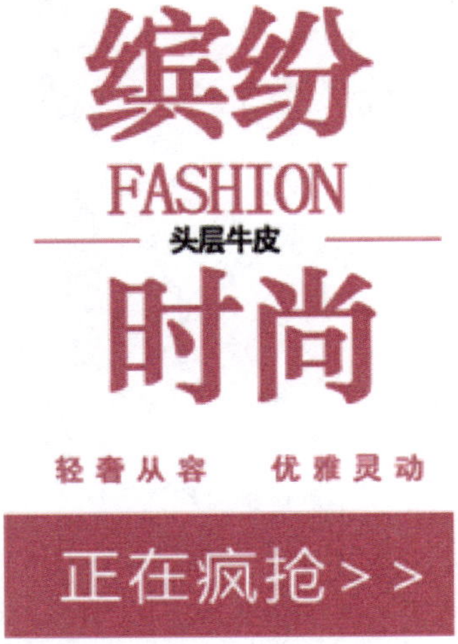

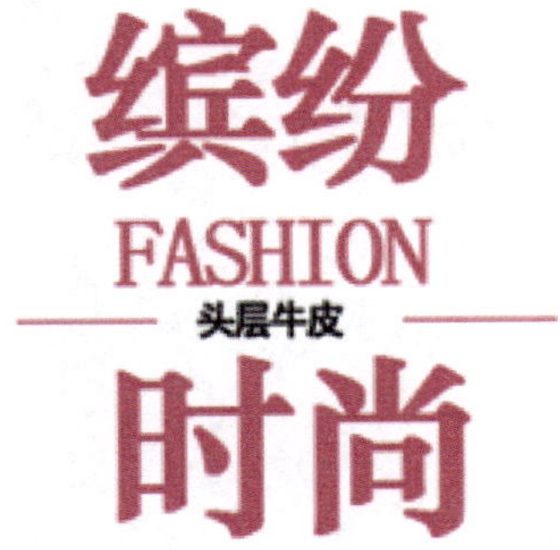

图 5-1-21　制作促销文案部分

### 实训 4：页尾模块设计

页尾模块设计效果如图 5-1-22 所示。

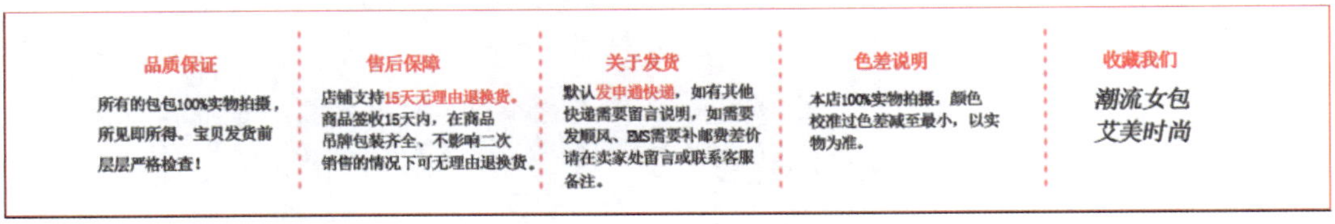

品质保证
所有的包包100%实物拍摄，所见即所得。宝贝发货前层层严格检查！
售后保障
店铺支持15天无理由退换货。商品签收15天内，在商品吊牌包装齐全、不影响二次销售的情况下可无理由退换货。
关于发货
默认发中通快递，如有其他快递需要留言说明，如需要发顺风、EMS需要补邮费差价请在卖家处留言或联系客服备注。
色差说明
本店100%实物拍摄，颜色校准过色差减至最小，以实物为准。
收藏我们
潮流女包
艾美时尚

图 5-1-22　页尾模块设计效果图

（1）新建一个宽度为 950 像素、高度为 150 像素的空白画布，全选并进行描边处理，拖出参考线，如图 5-1-23 所示。

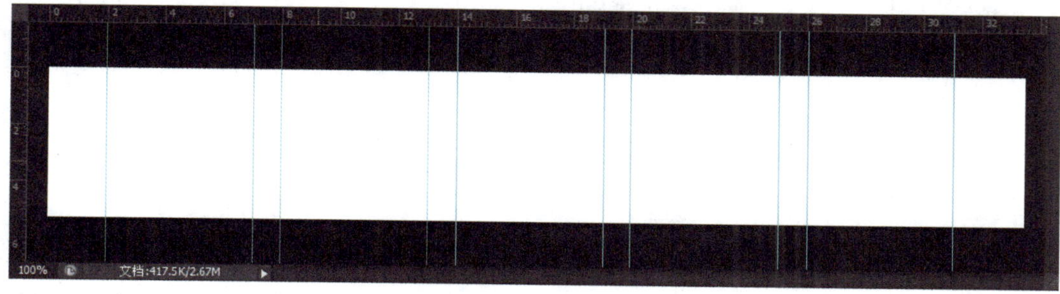


图 5-1-23　拖出参考线

（2）用画笔工具绘制分隔线，如图 5-1-24 所示。

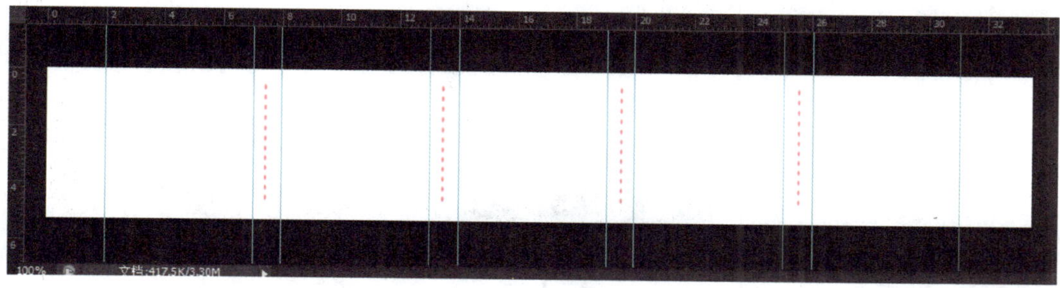

图 5-1-24　绘制分隔线

（3）输入相关文字并设置颜色即完成页尾模块制作。

## 任务评价

请根据表 5-1-1 对本次学习任务完成情况进行评价。

表 5-1-1　学习任务完成情况评价表

| 学习任务 | PC 端网店首页设计 | | |
|---|---|---|---|
| 项目 | 评价内容 | 配分 | 得分 |
| 知识技能 | 网店首页的分类 | 20 分 | |
| | PC 端网店首页的框架 | 35 分 | |
| | PC 端网店首页的色彩搭配 | 30 分 | |

续表

| 学习任务 | PC 端网店首页设计 | | |
|---|---|---|---|
| 项目 | 评价内容 | 配分 | 得分 |
| 素养 | 按规范执行任务、遵守工作制度的职业素养 | 5 分 | |
| | 严谨、细致的工作态度和团队合作意识 | 5 分 | |
| | 认真工作、刻苦钻研、守正创新等职业意识 | 5 分 | |
| 合计 | | 100 分 | |
| 任务评价 | | | |

## 拓展训练

利用图 5-1-25 所示的家用电器商品图片，设计经营家用电器的网店的首页。

图 5-1-25　家用电器商品图片

## 思考与练习

1. PC 端网店首页包含哪些模块?
2. PC 端网店首页设计需遵循的原则有哪些?

# 学习任务 2　移动端网店首页设计

- **知识目标**

1. 了解移动端网店首页框架
2. 掌握移动端网店首页色彩搭配原则
3. 掌握移动端网店首页设计原则

- **技能目标**

能设计、制作移动端网店首页

如今，越来越多的消费者选择通过移动端网店进行购物，这是因为移动端网店给予了消费者更好的、更便捷的购物体验。移动端网店以手机、平板电脑等便携设备为展示平台，受这些设备的视觉界面的限制，移动端网店首页设计与 PC 端网店首页设计有明显的区别。为了在有限的视觉空间内吸引并留住消费者，移动端网店首页设计需要更加注重个性化和亲和力。只有这样才能营造良好的购物氛围，让消费者最终被网店所吸引并决定购买商品。

## 一、移动端网店首页框架

对于网店而言，其页面设计效果主要取决于以下 5 个方面：页面布局的合理性、页面的秩序感、页面的均衡性、品牌标志的突出性以及视觉焦点的精准定位。这些方面不仅关乎网店的美观度，更直接影响着消费者的视觉搜索效率及购物体验。值得注意的是，页面布局的繁简程度对视觉搜索效率有着显著影响，过于复杂的布局可能会使消费者在浏览时感到困惑，从而购物体验下降。

在移动端网店首页设计中，受便携设备的屏幕尺寸限制以及用户的使用习惯影响，纵向滑动的展开方式更受消费者青睐。因此，移动端网店的首页设计与 PC 端存在显著差异。在进行移动端网店首页设计时，应依据重要性对设计元素进行排序，确保重要信息能够置于消费者视线最易触及的醒目位置。同时，还需遵循消费者纵向浏览的视觉逻辑，以为消费者提供流畅、直观的购物体验。移动端网店首页中没有侧边栏信息条，它的框架如图 5-2-1 所示。

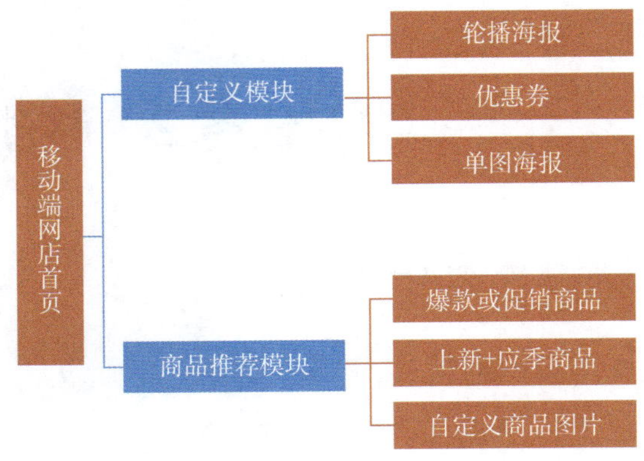

图 5-2-1　移动端网店首页框架

## 二、移动端网店首页的色彩搭配

移动端网店首页应采用明亮且鲜艳的色彩设计，同时需要避免色彩过于繁杂，以免页面显示混乱无章。为了营造清新自然的视觉效果，建议选择浅色调作为背景色，这样能为消费者带来极佳的视觉体验，让他们在浏览时感到舒适和愉悦。

## 三、移动端网店首页的设计原则

### 1. 保持网店设计风格的一致性

移动端网店整体的装修与设计要做到风格一致、首尾呼应，否则不利于网店整体设计风格的打造。与 PC 端相比，移动端视觉展示空间有限，因此，在设计过程中必须紧紧围绕网店的品牌基调，确保各个设计元素的风格统一。否则，网店形象模糊和混乱将会给消费者带来不好的视觉体验，网店也无法在消费者心中形成深刻的视觉记忆。

### 2. 色彩设计要鲜明

受便携设备屏幕尺寸的限制，移动端网店的浏览面积相对较小，消费者的视觉范围受到限制，为了在有限的空间内有效吸引消费者的目光，不仅需要精简文字内容，确保文字信息简洁明了，还应在整体色彩运用上下功夫，力求色彩鲜明，充满吸引力。

### 3. 图片与信息加载速度要快

大多数消费者选择在移动端网店进行网购是因为它能带来随时随地购物的便捷感，因此要合理控制网店图片与信息的加载时间，以为消费者带来流畅的购物体验。

### 4. 网店信息要进行精简化处理

便携设备屏幕尺寸有限，如果网店呈现的信息过多，信息就会无法清晰、明确地加载与显示，导致消费者很难快速找到自己想要看到的信息，从而选择离开。因此，要对网店信息进行必要的精简化处理。

## 任务实施

以卡卡玩具商城移动端首页为例，完成轮播海报、优惠券、单图海报等自定义模块板块的设计。卡卡玩具商城移动端首页如图 5-2-2 所示。

图 5-2-2　卡卡玩具商城移动端首页

### 实训 1：卡卡玩具商城定位分析

卡卡玩具商城专注于高品质毛绒玩具的销售，旨在为消费者带来快乐和温暖。以诚信为本，以消费者为中心，追求卓越，成就快乐。

#### 1. 产品定位

根据网络消费者的年龄特点，将目标消费者定位于儿童和年轻女性，网店主要经营的产品是毛绒玩具，也会搭配销售围巾、服装之类的产品，以满足消费者对可爱物品的需求。

#### 2. 价格定位

根据产品的消费人群，将产品价格定在 10～100 元。

#### 3. 色彩定位

玩具类网店要突出活泼温馨的氛围，淡蓝色、黄色、橙色是儿童和年轻女性喜欢的颜色。如果经营这类产品的网店，可以在网店色彩设计上下一些功夫，选择适合的色彩来衬托网店产品，会有很好的效果。本网店首页颜色以淡蓝色、橙色为主。图 5-2-3 所示是卡卡玩具商城移动端首页色彩搭配方案。

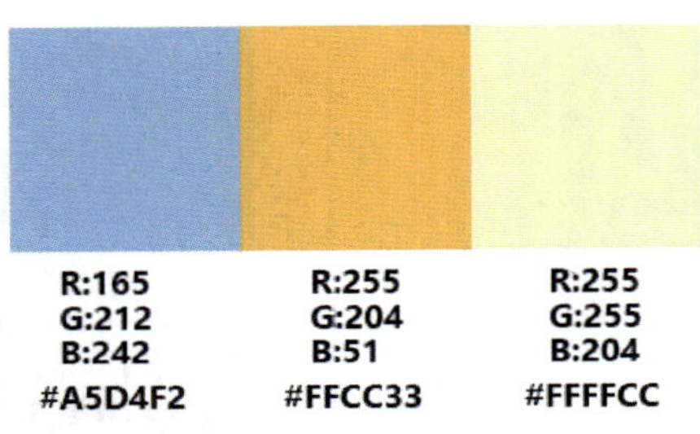


图 5-2-3　卡卡玩具商城移动端首页色彩搭配方案

### 实训 2：自定义板块模块设计

#### 1. 轮播海报设计

轮播海报设计效果如图 5-2-4 所示。

图 5-2-4　轮播海报设计效果图

（1）新建一个宽度为 1 200 像素、高度为 640 像素的空白画布。

（2）用矩形工具创建选区并填充颜色，其中边框颜色设置为“#b3daf2”，右侧区域填充颜色设置为“#ffffcc”，如图 5-2-5 所示。

图 5-2-5　创建选区并填充颜色

（3）将“项目五—学习任务 2 实训 2—素材 1”玩具图片素材拖动到背景图中，去底并调整其大小，如图 5-2-6 所示。

图 5-2-6　将玩具图片素材拖动到背景图中 1

（4）输入促销文案，并进行排版和颜色、字体设置，如图 5-2-7 所示。

图 5-2-7 输入促销文案

### 2. 优惠券部分设计

优惠券部分设计效果如图 5-2-8 所示。

图 5-2-8 优惠券部分设计效果图

（1）在鹿班软件中，选择合适的优惠券模块，如图 5-2-9 所示。

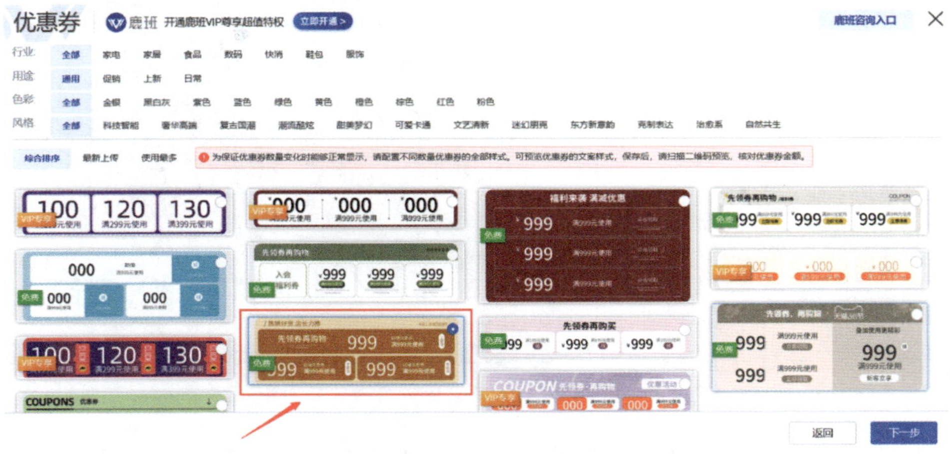


图 5-2-9 选择合适的优惠券模块

（2）选择对应的样式和文案，完成优惠券部分的设置，如图 5-2-10 所示。

图 5-2-10　选择对应的样式和文案

### 3. 单图海报设计

单图海报设计效果如图 5-2-11 所示。

（1）新建一个宽度为 1 200 像素、高度为 1 500 像素的空白画布。

（2）用矩形工具、圆角矩形工具绘制背景，如图 5-2-12 所示。

图 5-2-11　单图海报设计效果图

图 5-2-12　绘制背景

（3）将“项目五—学习任务 2 实训 2—素材 2”玩具图片素材拖动到背景图中，去底并调整其大小，如图 5-2-13 所示。

（4）输入促销文案，绘制装饰元素，进行图文排版，完成单图海报设计。

图 5-2-13　将玩具图片素材拖动到背景图中 2

## 任务评价

请根据表 5-2-1 对本次学习任务完成情况进行评价。

表 5-2-1　学习任务完成情况评价表

| 学习任务 | 移动端网店首页设计 | | |
|---|---|---|---|
| 项目 | 评价内容 | 配分 | 得分 |
| 知识技能 | 移动端网店首页框架 | 20 分 | |
| | 移动端网店首页的色彩搭配 | 35 分 | |
| | 移动端网店首页的设计原则 | 30 分 | |
| 素养 | 按规范执行任务、遵守工作制度的职业素养 | 5 分 | |
| | 严谨、细致的工作态度和团队合作意识 | 5 分 | |
| | 认真工作、刻苦钻研、守正创新等职业意识 | 5 分 | |
| 合计 | | 100 分 | |
| 任务评价 | | | |

## 拓展训练

根据经营鞋类的网店的特点，设计经营鞋类的网店的移动端网店首页轮播海报、优惠券和单图海报。

思考与练习

1. 移动端网店首页包含哪些模块?
2. 移动端网店首页的设计原则有哪些?